Afghanisch kochen

Der Autor

Hamidullah Kabuli Kohgadai hat sein Abitur in Kabul und sein Architekturstudium in Hildesheim und Braunschweig absolviert. Nach mehrjähriger Tätigkeit in Architekturbüros arbeitet er seit 1980 bei einer Behörde in Hamburg.

Hamidullah Kabuli Kohgadai

◆

Afghanisch kochen

Gerichte und ihre Geschichte

◆

Mit einer Einführung von Christine Nölle-Karimi

Verlag Die Werkstatt · Edition d i á

Bibliografische Information der Deutschen Bibliothek
Die Deutsche Bibliothek verzeichnet diese Publikation
in der Deutschen Nationalbibliografie; detaillierte
bibliografische Daten sind im Internet über
www.dnb.ddb.de abrufbar.

1 2 3   2005 2004 2003

© 2003 Verlag Die Werkstatt GmbH
Lotzestraße 24a, D-37083 Göttingen
www.werkstatt-verlag.de
 Dieses Buch erscheint in der Reihe
»Gerichte und ihre Geschichte«
der Edition diá (www.editiondia.de).
Alle Rechte vorbehalten

Titelfoto und Fotos im Innenteil:
Hamidullah Kabuli Kohgadai
Seite 144d: Christine Nölle-Karimi, München
Landkarte: Jörg Bleimann
Satz und Gestaltung: Verlag Die Werkstatt, Göttingen
Druck und Bindung: Westermann Druck, Zwickau

ISBN 3-89533-413-8

Inhalt

Geleitwort 6

Die afghanische Küche 7
Am Wegkreuz Asiens 7
Die Bevölkerung und ihre Sprachen 16
Karge Schönheit und gewaltige Natur 18
Die kulinarischen Traditionen 22
Afghanische Sitten und Gebräuche 26

Typische Zutaten 33

Rezepte
Suppen 41
Langkornreisgerichte 53
Dickreisgerichte 79
Gemüse 87
Fleisch 101
Eiergerichte 117
Teig- und Mehlgerichte 123
Saucen 135
Desserts 141
Festliche Delikatessen 145
Gebäck und Konfekt 151
Fladenbrote 159
Eingelegtes 165
Gewürzmischungen 171
Tee 175

Rezeptregister 181
Stichwortregister 187

Geleitwort
Von Clas M. Naumann

Der Name »Afghanistan« war für mich schon als Kind mit einem Zauber der Romantik, des Abenteuers und des Fernwehs behaftet. Dass die Begegnung mit diesem so überaus vielfältigen Land, seinen Menschen und ihren unglaublichen Leistungen, Sitten und Gebräuchen einmal lebensbestimmend für mich werden sollte, war nicht vorauszusehen.

Wer je in einer afghanischen Familie zu Gast war, sei es in einer der hochkultivierten der Oberschicht, sei es in einem Nomadenzelt in der Provinz Helmand oder im Norden des Landes, bei einer Bauernfamilie in Darwaz oder bei den Kirgisen des afghanischen Pamirs: Er wird nicht nur von der überwältigenden Gastfreundschaft der Menschen überrascht gewesen sein, sondern auch von der Vielfalt der Speisen und Gewürze und ihrer Zubereitungsformen. Voller Begeisterung wird er an die vielen verschiedenen Formen des Nan, des im Tonnenofen oder in der Pfanne auf dem Feuer gebackenen Brotes, zurückdenken – oder an den köstlichen, in einer handlichen Schale genossenen Tee aus dem Samowar.

Vieles von dem ist für uns Ausländer derzeit nicht oder kaum erlebbar – es sei denn, wir pflegen hier bei uns den Kontakt zu afghanischen Freunden. Hamidullah Kohgadai hat mit seiner Sammlung afghanischer Rezepte einen wichtigen Beitrag zur Völkerverständigung geleistet. Ich freue mich, so viele – zum Teil auch mir noch unbekannte – Rezepte praxisnah gesammelt und aufbereitet in der Hand zu haben. Nicht umsonst brachten große Herrscher bei Staatsreisen früher ihre eigenen Köche mit: Sie wussten, dass die Küche eines Landes auch in schwierigen Situationen oft der beste Botschafter ist.

In diesem Sinne wünsche ich dem Buch von Herzen eine weite Verbreitung und dem leidtragenden afghanischen Volk viele neue Freunde.

Professor Dr. Clas M. Naumann war mehrere Jahre als Biologie-Dozent der Universität Bonn an der Universität Kabul tätig.

Die afghanische Küche
Von Christine Nölle-Karimi

Afghanistan ist ein karges und zugleich atemberaubend schönes Land, das seinen Bewohnern viel abverlangt. Wüsten, Steppen und Hochgebirge bestimmen die Landschaft. Die wichtigen Flüsse des Landes entspringen im zentralen Gebirgsmassiv des Hindukusch. Dessen gewaltige Gipfel gehen vom Nordosten des Landes mit Höhen bis zu knapp 7500 Meter aus und ziehen sich dann allmählich abflachend nach Südwesten bis dicht an die iranische Grenze hin. Gleichermaßen das Rückgrat Afghanistans, wirkt der Hindukusch als Wasser- und Klimascheide zwischen Zentralasien und Indien. Ebenso trennt er die Ebenen im Norden, Westen und Südwesten Afghanistans voneinander, die im Lauf der Geschichte häufig verschiedenen politischen Einflussbereichen angehörten. Dennoch wäre es verkehrt, den Hindukusch als undurchlässige Barriere zu sehen. Hier trafen die verschiedenen kulturellen Strömungen Persiens, Indiens und Zentralasiens aufeinander und schlugen sich in den Sitten und Gebräuchen, der Esskultur, Musik und Dichtung nieder.

Zwischen dem fünften und siebten Jahrhundert nach Christus beschrieben chinesische Reisende die 3000 Meter hohen Pässe des Hindukusch als schier unüberwindlich. Dieses Gebirgsmassiv sei so hoch, dass sogar die Vögel es zu Fuß überqueren müssten, so endlos, dass sich die Karawanen bis zu zwölf Tage in seinen Schluchten verlören, hielt einer von ihnen in seinen Memoiren fest. Doch schon die Existenz dieser Reiseberichte zeigt, dass es regelmäßig begangene Routen durch den Hindukusch gab. Bei diesen Reisenden handelte es sich nämlich um buddhistische Pilger, die nach Indien, in das Ursprungsland ihres Glaubens, strebten. Im ersten Jahrhundert nach Christus hatte sich der Buddhismus mit Unterstützung der Kuschan-Dy-

Am Wegkreuz Asiens

»Schier unüberwindlich«

nastie über ebendiese Route von Nordindien nach Zentralasien verbreitet.

Handelszentrum an der Seidenstraße

Abgesehen von dieser Nord-Süd-Verbindung war das heutige Afghanistan in ein Geflecht von Handelsrouten eingebettet, das Europa, Zentralasien und Indien miteinander verband. Eine dieser Routen verlief von Nordostiran über Herat und Kandahar nach Sindh im heutigen Südpakistan. Ein weiterer Handelsweg verließ Herat in nordöstlicher Richtung und führte über Badakhschan in das Tarimbecken (das heutige Sinkiang) und nach China. Dies war ein Zweig der berühmten Seidenstraße, die bereits unter der iranischen Dynastie der Achämeniden (559-330 v. Chr.) große Bedeutung hatte.

Das Reich der Achämeniden erstreckte sich vom heutigen Griechenland (Thrakien) und Nordafrika bis nach Nordwestindien, fünf seiner 20 Verwaltungsbezirke lagen im heutigen Afghanistan. Das nördlich des Hindukusch gelegene Baktrien hatte sein Zentrum in der heutigen Stadt Balkh. Im Westen des Landes entsprach Areia dem Gebiet um Herat; Arachosien reichte von der Umgebung des heutigen Kandahar bis zur Arabischen See und zum Indus; Sattagydia umfasste die Region um Kabul und Bamian, und Gandhara war die Bezeichnung für das Gebiet entlang des Kabul-Flusses im Osten des Landes. Um die verschiedenen Provinzen seines Landes enger an die Hauptstadt Persepolis zu binden, baute der Achämeniden-Herrscher Darius I. – seine Regierungszeit dauerte von 521 bis 486 – ein enges Netz von Straßen auf, von denen wiederum der Ost-West-Handel profitierte. Indien lieferte Baumwolle, Zuckerrohr und Reis an Persien; Lapislazuli aus Badakhschan sowie Jade und Seide aus China fanden ihren Weg bis nach Ephesus in Kleinasien. Am Anfang der christlichen Ära wurde chinesische Rohseide zum wichtigen Importgut in Rom, während Wollstoffe, alexandrinisches Glas, Korallen, Silber und Gold ihren Weg in die umgekehrte Richtung nahmen.

Wie das Beispiel des Buddhismus zeigt, gingen mit dem Warenaustausch über die Seidenstraße und die anderen historischen Handelswege auch kulturelle Kontakte einher. Diese Begegnungen waren zum Teil friedlicher, zum Teil jedoch auch militärischer Natur. So brachte um 331 vor Christus Alexander der Große das Achämeniden-Reich zu Fall und eroberte bald darauf das heutige Afghanistan, das er gegen den heftigen Widerstand der unabhängig gewordenen achämenidischen Provinzen unterwarf. Zu seiner Hinterlassenschaft zählen mehrere Stadtgründungen bei Herat, im Norden Kabuls (Kapisa) und in Balkh, die allesamt den Namen »Alexandria« trugen.

Im ersten Jahrhundert unserer Zeitrechnung erlebte Gandhara dank der Verbreitung des Mahayana-Buddhismus eine künstlerische Blüte, die indische und hellenistische Stilelemente miteinander verband. Herausragende Beispiele der Gandhara-Periode sind die beiden großen Buddha-Statuen bei der Ortschaft Bamian in Zentralafghanistan, die damals ein wichtiger Umschlagplatz im Handel zwischen Indien und Ost-Turkestan war. Die jeweils 38 und 55 Meter hohen Statuen wurden zwischen dem dritten und fünften Jahrhundert nach Christus aus dem Fels gehauen und waren von zahlreichen Höhlen mit Wandmalereien und Skulpturen umrahmt. Im achten und neunten Jahrhundert überstanden die Buddha-Statuen die islamische Eroberung relativ unbeschadet und auch die folgenden Wechselfälle der Geschichte sollten ihnen wenig anhaben, bis sie im Februar 2001 dem Vandalismus der Taliban anheim fielen.

Der Erfolg der muslimischen Heerführer bedingte den Untergang des Buddhismus, doch war dies ein langfristiger Prozess. Nicht überall wurden die buddhistischen Klöster gewaltsam zerstört, sie verloren nach und nach ihre wirtschaftliche Grundlage. Dies war der Fall in Bamian, wo sich die buddhistische Gemeinde nach der Ankunft des Islam noch ein Jahrhundert halten konnte. Die Zuwendung zum Islam hingegen eröffnete für die Händler der Region neue Möglichkeiten. Die Ver-

Buddhistische Kunst und islamische Heilige

bindung der mediterranen und asiatischen Wirtschaftsräume in arabischer Hand bewirkte einen Aufschwung des Handels, der bis ins elfte Jahrhundert anhielt. Die zweite, friedliche Welle der Islamisierung wurde von den Händlern und mystischen Bruderschaften getragen, in deren Glaubensvorstellungen die Verehrung von Heiligen eine wichtige Rolle spielte. Noch heute findet ein großer Teil des religiösen Lebens im Umfeld von Heiligenschreinen statt. Ein Stück des Mantels des Propheten Muhammad in Kandahar, das vermeintliche Grab seines Cousins Ali in Mazar-e Scharif und der Schrein des Sufi-Heiligen und Poeten Abdullah Ansari (gest. 1089) in Herat werden besonders verehrt.

Dschingis Khan und seine Erben

Im 13. und 14. Jahrhundert erschütterten zwei Invasionswellen aus Zentralasien das heutige Afghanistan. Zwischen 1220 und 1221 wurden die wichtigen Städte von den Heerscharen Dschingis Khans gegen den verzweifelten Widerstand der Bevölkerung erstürmt und anschließend zerstört. Anderthalb Jahrhunderte nach diesem Blutbad versuchte Timur-e Lang (»Timur der Lahme«, auch bekannt als Tamerlan) das Erbe Dschingis Khans zu erneuern, übertraf jedoch noch dessen Zerstörungswut. Der Zusammenprall mongolischer Nomaden mit sesshaften Bauern und Städtern fügte der Region nachhaltigen Schaden zu und die wirtschaftlichen Zentren konnten sich lange Zeit nicht recht vom Wüten der Mongolen erholen. Herat, das unter den Nachfolgern Timur-e Langs zur Hauptstadt wurde, erlebte hingegen im 15. Jahrhundert eine Blütezeit und wurde zu einem wichtigen Zentrum der Wissenschaft, Kunst und Literatur. Eines der wichtigsten Bauwerke der Timuridenzeit war die so genannte Musalla, ein Gebäudekomplex außerhalb Herats, der aus einer Moschee und einer theologischen Schule bestand.

Mit dem Niedergang der Timuriden im frühen 16. Jahrhundert wurde das heutige Afghanistan verschiedenen Machtbereichen zugeordnet. Das westliche Herat wurde zu einer wichtigen Provinz des iranischen Safawidenreiches. Kabul und der östliche Teil des Landes fielen an Dschingis Khans Nachkommen Babur, den Begründer der indischen Moghuldynastie. Im südlichen Kandahar trafen die Interessen der Moghuln und Safawiden aufeinander. Die Stadt war lange Zeit umkämpft, bis sie 1649 endgültig von den Iranern eingenommen wurde. Die Gebiete nördlich des Hindukusch orientierten sich nach Samarkand und Bukhara in Zentralasien, wo ein weiterer Zweig der Familie Dschingis Khans mit Hilfe von usbekischen Truppen an die Macht gekommen war.

Das Kräftegleichgewicht zwischen den Großreichen der Iraner im Westen, Moghuln im Osten und Usbeken im Norden hielt zwei Jahrhunderte. Als jedoch im frühen 18. Jahrhundert die Macht dieser Imperien zu bröckeln begann, machten sich die paschtunischen Stämme von Herat und Kandahar diesen Umstand zunutze, indem sie ihre Unabhängigkeit ausriefen. In den dreißiger und vierziger Jahren des 18. Jahrhunderts folgten dann die weit reichenden Feldzüge des turkmenischen Generals Nader Schah, der den altgestandenen Dynastien Irans, Indiens und Zentralasiens den Todesstoß versetzte. In dem entstehenden Machtvakuum konnte sich der moderne afghanische Staat etablieren.

Ahmad Schah »Baba«, der Begründer dieses neuen Staatswesens, hatte es unter Nader Schah zum Oberbefehlshaber der königlichen Leibgarde gebracht. Als Nader Schah 1747 einem Attentat zum Opfer fiel, bemächtigte sich der junge Paschtune aus Herat der Kriegskasse und machte sich mit den anderen afghanischen Offizieren auf den Weg nach Kandahar. In der Nähe der künftigen afghanischen Hauptstadt angekommen, hielten sie eine denkwürdige Versammlung ab, um einen neuen Führer für die herrenlos gewordenen paschtunischen Truppenkontingente zu wählen. Die folgende Debatte zog sich neun Tage ergebnislos dahin, bis schließlich ein als Heiliger verehrter Anhänger Ahmads namens Saber Schah zu dessen Gunsten eingriff und ihn mit einigen Weizenähren symbolisch krönte.

Der aristokratische afghanische Staat

Um den unerfüllten Herrschaftsansprüchen der anderen paschtunischen Führer Rechnung zu tragen, stellte sich der frisch gekürte König als Primus inter Pares dar und nahm den Titel Durr-e Durran, »Perle unter Perlen«, an. Dank unermüdlicher Kriegszüge dehnte Ahmad Schah sein Einflussgebiet bald weit über Kandahar aus. Das eben entstandene Durrani-Imperium umfasste nicht nur das Gebiet des heutigen Afghanistan, sondern erstreckte sich bis tief in die indischen Provinzen. Ahmad Schah wird nachgesagt, dass ihm die Eroberung aller benachbarten Königreiche leichter erschien als seine eigenen Landsleute zu unterwerfen. In der Tat machte er seine paschtunischen Stammesbrüder zu Partnern einer auf Expansion beruhenden Politik. Das damalige Staatswesen basierte auf einer schlichten Arbeitsteilung: Die kargen westlichen Provinzen stellten die Soldaten, während die reichen indischen Provinzen Steuern zahlten. Die paschtunische Führerschaft profitierte nicht nur von den Reichtümern, die während der zahlreichen Feldzüge abfielen, sondern wurde auch über erbliche Verwaltungs- und Militärposten in das afghanische Staatswesen eingebunden. So entstand eine eingefleischte Aristokratie, die bis ins 20. Jahrhundert auf ihre Privilegien pochte.

Imperialistische Einflüsse

Allerdings veränderten sich im 19. Jahrhundert die äußeren Bedingungen rapide. Mit dem Fortschreiten des europäischen Imperialismus und dem Entstehen neuer Regionalmächte machte Afghanistan eine dramatische territoriale Schrumpfung durch. Es verlor seine fruchtbaren indischen Provinzen, zunächst an die Sikhs und dann an die Engländer. Entsprechend veränderte sich der Aktionsradius der afghanischen Könige. Anstatt wie früher auf ruhmreiche Expeditionen in verlockend reiche Regionen aufzubrechen mussten sie von nun an die unmittelbare Umgebung Kabuls – seit 1775 Hauptstadt des Landes – und das zentrale Hochmassiv des Hazaradschat nach dünnen Überschüssen abgrasen. Hier wurden die Steuereintreiber oft vor die Alternative »Ziegen oder Steine« gestellt: Wollten sie sich statt der üblichen Fettschwanzschafe nicht mit mageren Ziegen begnügen, mussten sie damit rechnen, mit Steinen vertrieben zu werden.

Afghanistan befand sich an der Schnittstelle russischer und britischer Interessen, konnte sich aber dank seiner Unwegsamkeit und der Unbeugsamkeit seiner Einwohner einer direkten Kolonisierung entziehen. Die zwei Invasionsversuche der Briten in den Jahren 1839 bis 1842 und 1878 bis 1880 wurden erfolgreich zurückgeschlagen. Dieser tief im historischen Gedächtnis verankerte Umstand ermutigte die Bevölkerung im späten 20. Jahrhundert, sich gegen die sowjetische Besatzung zur Wehr zu setzen. Gleichzeitig ist der moderne afghanische Staat als Produkt der kolonialen Welt zu sehen, denn er verdankt seine Existenz britisch-russischen Abmachungen. Die Grenzen wurden im späten 19. Jahrhundert von außen festgeschrieben. 1880 wurde Afghanistan für knapp 40 Jahre zum Pufferstaat: Seine Außenpolitik wurde von England kontrolliert, während der damalige König Abd ur-Rahman Khan (Regierungszeit: 1880 bis 1901) das Innere seines Landes gegen jedweden westlichen Einfluss abschirmte. Die damaligen Errungenschaften der westlichen Welt, Telegraf und Eisenbahn, machten vor den afghanischen Landesgrenzen Halt.

Die Abschottung Afghanistans nach außen wurde 1919 aufgehoben, als Abd ur-Rahmans energischer und reformbewegter Enkel Amanullah Khan an die Macht kam. Dieser trotzte zunächst den Engländern Afghanistans Unabhängigkeit ab, dann machte er sich daran, sein Land im Eiltempo aus der Rückständigkeit zu führen. Zu diesem Zweck trieb er die Einrichtung moderner Bildungsinstitutionen voran. Kabul erhielt drei prestigereiche Ober- und zwei Mädchenschulen; in allen Teilen des Landes wurden Grundschulen eingeweiht. Eine Europareise im Jahre 1928 spornte den Reformwillen des Königs weiter an. Ausländische Experten, darunter viele deutsche Ingenieure,

»Städtische Verrücktheit«

wurden nach Afghanistan eingeladen, um Straßen, Staudämme und Elektrizitätswerke zu bauen.

Amanullahs Blick nach Westen traf jedoch über die technischen Neuerungen hinaus auf wenig Verständnis in der Bevölkerung. Nach seiner Rückkehr aus Europa bestand er darauf, dass alle Einwohner und Besucher Kabuls westliche Kleidung trügen. Die Ideen des Königs wurden von der Landbevölkerung misstrauisch als städtische Verrücktheiten beäugt und riefen schon 1924 den ersten offenen Widerstand hervor. Vor allem die sozialen Reformen stießen auf Kritik. Als der König 1928 das Vorhaben verkündete, die Polygamie einzuschränken, das Heiratsalter für Männer und Frauen anzuheben und den Ganzkörperschleier abzuschaffen, verscherzte er sich endgültig die Loyalität seiner Landsleute und musste kurz darauf fluchtartig das Land verlassen.

Angesichts des politischen Zündstoffs, den die sozialen Reformen in sich bargen, beschränkten sich Amanullahs Nachfolger in erster Linie auf die technische Entwicklung und die Erweiterung der Infrastruktur. In den fünfziger Jahren nutzte die afghanische Regierung die Rivalität zwischen Amerika und der Sowjetunion für ehrgeizige Entwicklungsprojekte. Ebenso wie die USA engagierte sich die Sowjetunion im Ausbau des Verkehrswesens und der Energieversorgung. Außerdem übernahm Moskau die Modernisierung der Armee und die Ausbildung des Offizierskorps. Die Polizei wurde unter westdeutscher Regie ausgebildet. Gleichzeitig stieg die Abhängigkeit vom Ausland. In den siebziger Jahren bezog der Staat 40 Prozent seiner Einkünfte aus Entwicklungsgeldern.

Kurzes Gastspiel der Demokratie

Zwischen 1963 und 1973 erlebte Afghanistan ein kurzes Experiment mit der Demokratie. König Zaher Schah, der sich in den ersten 30 Jahren seiner Regierung kaum am politischen Geschehen beteiligt hatte, leitete nun eine Reihe liberaler Reformen ein. Mit der neuen Verfassung vom 1. Oktober 1964 wurde Afghanistan zur konstitutionellen Monarchie und erhielt ein Zweikammer-Parlament. In den folgenden demokratischen Wahlen von 1965 und 1969 konnten Männer und Frauen das erste Mal in der Geschichte des Landes wählen.

Bald wurden jedoch die jungen politischen Institutionen des Landes durch Dauds Putsch von 1973 und der kommunistischen April-Revolution von 1978 erschüttert. Die kommunistischen Kader wiederholten jedoch Amanullahs Fehler, indem sie wohlmeinende Maßnahmen wie Landreformen und Frauenemanzipation gewaltsam umsetzten. Der anschließende Versuch, den Widerstand der ländlichen Bevölkerung mit sowjetischer Hilfe zu brechen, machte Afghanistan zu einem der letzten Schauplätze des Kalten Krieges.

Die Bevölkerung und ihre Sprachen

Paschtu und Dari – zwei der vielen Landessprachen

Die Bevölkerung Afghanistans setzt sich aus einer Vielzahl unterschiedlicher ethnischer und tribaler Gruppen zusammen. Der Begriff Afghanistan, »Land der Afghanen«, entwickelte sich im Lauf des 19. Jahrhunderts als staatspolitisches Konzept, vor allem in britischen Vertragstexten. Innerhalb des Landes hatte diese Bezeichnung ursprünglich eine viel engere Bedeutung, da sich das Wort »Afghane« allein auf die ethnische Kategorie der Paschtunen bezog, deren Hauptsiedlungsgebiet im Osten und Süden des Landes liegt. Unter den Paschtunen war es die Gruppe der Durranis aus der Region um Kandahar, die von 1747 bis in die siebziger Jahre des 20. Jahrhunderts die Herrscher des Landes stellte und entsprechende Privilegien genoss. Paschtu, die Sprache der Paschtunen, wurde als offizielle Verwaltungs- und Landessprache gefördert.

Die Verfassung von 1964 legte eine zweite Landessprache fest: Dari, die afghanische Version des Persischen, gehört wie Paschtu zur iranischen Sprachfamilie. Auch Farsi genannt, war Dari historisch gesehen die Lingua franca der Region und wurde in den Städten und am königlichen Hof gesprochen. In Herat und Kabul haben sich eigene Dialekte dieser Sprache entwickelt. Außerdem gibt es eine Reihe persisch sprechender Gruppen im Land, wie die Tadschiken aus dem Pandschscher-Tal und Badakhschan im Nordosten des Landes. Die Bauern West-Afghanistans sprechen Persisch iranischer Färbung und sind als »Farsiwan« bekannt. Das Persisch der Aimaq, tribal organisierter Gruppen zwischen Herat und dem zentralen Hochland, hat türkische Einsprengel. Auch die »Araber« Nordafghanistans, die ihre Herkunft auf die islamische Eroberung der Region zurückführen, sind größtenteils persischsprachig.

Die Hazaras, die die Bevölkerung Zentralafghanistans stellen, sprechen ebenso eine Variante des Dari. »Hazar« bedeutet »tausend« oder »Tausendschaft« auf Persisch. Eine populäre Theorie geht davon aus, dass diese Volksgruppe aus den Nachkommen mongolischer Militäreinheiten hervorgegangen ist. Moderne Hazara-Historiker hingegen verfolgen ihre Geschichte auf afghanischem Boden bis in buddhistische Zeiten zurück. Die Hazaras unterscheiden sich vom Gros der Bevölkerung Afghanistans in religiöser Hinsicht: Sie sind Schiiten. Auch die Farsiwan und die ursprünglich aus Iran stammenden Qizilbasch stellen schiitische Minderheiten.

Im Grenzgebiet zu Turkmenistan und Usbekistan, im Norden des Landes, herrschen Turksprachen vor. Die Usbeken, die im Lauf des 16. Jahrhunderts in diese südlich des Oxus gelegenen Gebiete gelangten, stellen hier die stärkste Gruppe. Die ebenfalls ursprünglich nomadischen Turkmenen wanderten im 19. Jahrhundert nach Afghanistan ein. In der jüngeren Geschichte lösten die Oktoberrevolution von 1917 und die einsetzende Sowjetisierung Zentralasiens einen Flüchtlingsstrom von Turkmenen und Usbeken nach Afghanistan aus. Die Turkmenen sind für ihren Silberschmuck und ihre Fertigkeit im Teppichknüpfen berühmt. Das typisch afghanische »Elefanten-Tritt-Muster« *(fil pai)* war ursprünglich das Markenzeichen des Turkmenenstamms der Ersari. Ein regionales Überbleibsel des zentralasiatischen Nomadentums ist das *buzkaschi,* das so genannte Ziegenziehen, ein Mannschaftssport zu Pferde, den Usbeken, Tadschiken und Turkmenen im Herbst auf den abgeernteten Weizen- und Gerstenfeldern betreiben. Das Spiel dreht sich allerdings um einen Kalbskadaver, den der siegreiche Reiter vom Boden aufnimmt und, von seinen Rivalen verfolgt, in gestrecktem Galopp in einen Zielkreis befördert.

Turkmenen und Usbeken

Karge Schönheit
und gewaltige Natur

Fächer und Pelzmantel

Afghanistan ist ein Land der Kontraste. Nach schier endlosen Fahrten durch weite Wüsten- und Gebirgslandschaften tut sich unverhofft der Blick auf begrünte Täler auf. Hier zeugen sanft abfallende Bewässerungsgräben, geschwungene Terrassenfelder und lockere Pappelhaine von dem mühsamen Dasein, das die Bauern seit Generationen der rauen Natur abringen. In den hoch gelegenen Gebieten ist die Wachstumsperiode ausgesprochen kurz und lässt nur eine einzige, zudem recht kärgliche Ernte zu. Im ganzen Land wechseln heiße, trockene Sommer mit kalten Wintern. In den tief gelegenen Gebieten erreichen die Temperaturen im Sommer 40 Grad Celsius und mehr. In der Region um Herat im Westen des Landes kommt noch ein trocken-heißer Nordwind hinzu, der während der vier Sommermonate unablässig weht. Auch im 1800 Meter hohen Kabul können im Sommer die Temperaturen auf über 35 Grad steigen. Charakteristisch sind große Schwankungen zwischen Tag und Nacht. Kabuler Sommernächte sind mit rund 13 Grad relativ kühl. In den höheren Lagen bringt der Winter eisige Temperaturen bis zu 30 Grad minus, im Tiefland sind relativ milde minus 15 Grad das Maximum. Die nördliche Stadt Mazar-e Scharif ist bekannt für ihr wechselhaftes Wetter. Dort braucht man, wie eine Redensart besagt, abwechselnd Fächer und Pelzmantel.

»Möge Kabul ohne Gold, aber nie ohne Schnee sein«, lautet ein afghanisches Sprichwort. In der Tat hängt Afghanistan für seine Wasserversorgung von den winterlichen Schneefällen im Hindukusch ab. Unter normalen Umständen fällt in Kabul so viel Schnee, dass die Hausdächer den Massen kaum standhalten können und daher regelmäßig geräumt werden müssen. In der Dürre der letzten Jahre gab es zur Enttäuschung der Bevölkerung allerdings nur wenig Schnee, der meist in kurzer Zeit dahinschmolz. Die Nordwestflanke des Hindukusch erhält im Vergleich zu den anderen Landesteilen relativ viel Regen. Hier ist Regenfeldbau möglich und die weiten Steppen eignen sich zur Viehzucht. Aus dieser Region stammen die berühmten Karakulschafe, deren Felle einst zu den wichtigsten Exportgütern Afghanistans zählten. Allerdings sind die Bestände aller Viehherden durch die jüngste Dürre stark zurückgegangen.

Teile Ostafghanistans wie zum Beispiel die Region um Jalalabad profitieren von den indischen Monsunregen. Hier gedeihen Zitrusfrüchte, Zuckerrohr und Oliven. Am äußersten Nord- und Südrand des Landes hingegen herrscht fast gänzlich Trockenheit. Wüsten bestimmen hier das Bild. In den übrigen Landesteilen hängt die landwirtschaftliche Produktion überwiegend vom Bewässerungsfeldbau ab. Je nach Terrain sind die Flüsse von unterschiedlich breiten Streifen bewässerten Landes gesäumt. Im Süden und Osten Afghanistans wird auch das Grundwasser durch unterirdische Kanalsysteme *(karez)* genutzt. Von großer Wichtigkeit sind die Flussoasen um Herat, Farah, Kandahar, Kabul, Kunduz und Mazar-e Scharif. Hier haben sich über die Jahrhunderte ausgedehnte und ausgeklügelte Bewässerungssysteme entwickelt, die den Anbau von Getreide, Obst, Gemüse und Baumwolle ermöglichen.

Kulinarische Oasen

Während in den Tälern hauptsächlich Weizen angebaut wird, überwiegt in den höheren Lagen Gerste. Auch Mais wird zu Brot verarbeitet. In den tief gelegenen und wasserreichen Regionen im Norden und Osten ist Reisanbau möglich. Die Melonen Afghanistans sind bekannt für ihr einzigartiges Aroma und im sonnigen Herbst liegt ihr Duft schwer in der staubigen Luft. Ebenso berühmt sind von alters her die afghanischen Granatäpfel, Trauben und Mandeln, die sich die indischen Könige an ihren Hof liefern ließen. Die ausgedehnte Oase um Herat rühmte sich einst ihrer 72 Traubensorten. Bis in die kommunistische Ära trug der Export von Trockenobst erheblich zu Afghanistans Handelsbilanz bei. In jüngerer Zeit wurden jedoch viele

72 Traubensorten

der Produktionsstätten durch Kampfhandlungen in Mitleidenschaft gezogen. So fielen die Obst- und Weingärten der fruchtbaren Schomali-Ebene im Norden Kabuls 1998 den Auseinandersetzungen zwischen den Taliban und der Nordallianz zum Opfer.

Nüsse und Maulbeeren

Pistazien wachsen heute noch wild im Süden und Westen des zentralen Hochlandes, sind aber zunehmend durch Abholzung gefährdet. Maulbeeren stellen eine weitere Köstlichkeit der Region dar. Direkt nach der Ernte im Mai/Juni werden die saftigen weißen oder violetten Beeren frisch zu Buttermilch gegessen. Im getrockneten Zustand reicht man sie mit Mandeln und Rosinen zum Tee. Von den Mudschahedin, den Widerstandskämpfern gegen die sowjetische Besatzung, wird gesagt, dass sie sich in ihren unzugänglichen Verstecken oft tage- und wochenlang von zermahlenen Maulbeeren und Walnüssen *(talkhan)* am Leben hielten. Fein gemahlene Maulbeeren und Walnüsse ergeben eine ölige Paste *(Tschukida)*, die als Delikatesse gilt.

Bis ins 19. Jahrhundert lag der Karawanenhandel zwischen Indien und Zentralasien in der Hand paschtunischer Nomaden, die den Winter in den relativ milden niedrigen Lagen Afghanistans und Nordindiens verbrachten, um dann im Sommer den Weidegebieten in den hohen Gebirgslagen zuzustreben. Auch im 20. Jahrhundert betreiben die Nomaden auf ihren saisonalen Wanderungen schwunghaften Handel mit Gegenständen des täglichen Bedarfs, wie Tee, Zucker, Kerosin und Streichhölzern. Als Viehzüchter boten sie Fleisch, Milchprodukte und Wolle im Tausch gegen Getreide und Gemüse an. Obwohl das Nomadentum eine ideale Anpassung an die ökologischen Gegebenheiten Afghanistans darstellt, ging diese Lebensform auch schon vor Anbruch des Kriegs kontinuierlich zurück.

Krieg zerstörte das Gleichgewicht

Durch den 20-jährigen Krieg ist in Afghanistan das ökologische und gesellschaftliche Gleichgewicht aus den Fugen geraten. Trotz hoher Kriegsverluste und großer Kindersterblichkeit ist die Bevölkerung jedoch immens angewachsen. Während Schätzungen der siebziger Jahre von 15 Millionen Afghanen ausgingen, schwanken gegenwärtige Angaben zwischen 22 und 26 Millionen. Gleichzeitig ist das bebaubare Land zurückgegangen: Unzählige Landstriche sind vermint; die alten Bewässerungssysteme wurden zerstört oder verfielen, nachdem ihre Betreiber gestorben oder zur Flucht gezwungen worden waren. Dabei ging viel altes Wissen über den Bau und die Instandhaltung der Kanäle verloren. Vielerorts sorgt mittlerweile der Einsatz moderner Mittel wie Wasserpumpen dafür, dass bewährte Abmachungen über die Verteilung des Wassers gebrochen werden und die stromabwärts gelegenen Felder leer ausgehen. Ebenso gravierend ist die Tatsache, dass sich im Lauf der endlosen Kämpfe eine eigene Wirtschaftsform des Schmuggels und des Waffenhandels gebildet hat, die viel gewinnbringender ist als die Landwirtschaft und somit die alte Ordnung zerstört. Heute steht einer kleinen Elite von Kriegsherren und Drogenbaronen eine große Unterschicht von jungen Afghanen gegenüber, die mit dem Krieg aufgewachsen ist und keine wirtschaftlichen Alternativen zum Dienst an der Waffe kennt.

Die kulinarischen Traditionen

Viele der heute in Europa gebräuchlichen Kulturpflanzen wie Weizen, Erbse, Möhre und Zwiebel haben ihren Ursprung in Afghanistan. Andererseits fand eine große Zahl der nunmehr gängigen Küchenzutaten erst im Lauf der Jahrhunderte ihren Weg aus Indien, Zentralasien, China und schließlich der Neuen Welt dorthin. Schon früh gelangten köstliche und nützliche Schätze aus dem Osten nach Afghanistan: Pfirsiche und Rhabarber aus China, Auberginen und Wassermelonen aus Indien. Ursprünglich aus Malaysia stammend, wanderte die Apfelsine entlang der Handelsrouten über Indien nach Afghanistan. Amerikanische Gemüsearten wie Tomaten, Mais, Sonnenblumen, Paprika und Chili setzten sich erst im 19. Jahrhundert durch.

Bis ins Mittelalter und darüber hinaus waren Weizen, Hirse und Gerste die wichtigsten Grundnahrungsmittel. Nicht nur in der Region des heutigen Afghanistan, sondern auch in Zentralasien und Iran bildeten Getreidesuppen einen wichtigen Teil der Ernährung. Fleisch wurde mit Früchten, Walnüssen und Rhabarber gekocht, die auch heute noch wesentliche Bestandteile der afghanischen Küche bilden. Die Herstellung von Milchprodukten geht auf den Einfluss zentralasiatischer Reitervölker zurück. In der afghanischen Küche spielt Joghurt in verschiedenen Konsistenzen eine große Rolle. Entwässert ergibt er eine dicke, cremige Masse, *tschaka,* oder das getrocknete, steinharte *qorut.* Rohkäse *(panir-e kham)* wird morgens oder nachmittags mit frischem Brot zum Tee serviert. Im Frühjahr, wenn Obst noch rar ist, gilt Frischkäse mit Rosinen als besondere Delikatesse. Eine weitere Spezialität ist *aschawa panir,* ein relativ fester Käse, der im Geschmack dem italienischen Parmesan ähnelt.

Ein wichtiges Erbe der Mongolen und ihrer Nachfolger sind Mehlspeisen, die wahrscheinlich chinesischen Ursprungs sind. Hierzu gehören *Mantu*, gedämpfte Fleischtaschen, und *Aschak*, gekochte Lauchtaschen. Reis setzte sich erst in den Jahrhunderten nach der Mongolenherrschaft vor allem in den oberen Schichten durch. Insbesondere die so genannten *palaus*, bei denen Reis mit verschiedenen Kombinationen aus Fleisch und Gemüse gemischt wurde, erfreuten sich bald großer Beliebtheit. Reisgerichte, die Trockenfrüchte enthielten, waren als *qabeli* bekannt. Noch heute gilt es in Afghanistan als besonderer Ehrenerweis, Gästen *Qabeli Palau* mit fein geschnittenen Möhren, Rosinen, Mandeln und Pistazien zu servieren. Bei *tschalau* handelt es sich um weißen Reis, der getrennt gekocht und zu verschiedenen Fleisch-Gemüse-Saucen *(qorma)* gereicht wird. Beide Reisgerichte werden in einem Zwei-Stufen-Prozess zubereitet. Nach dem Einweichen wird der Reis zunächst fast gar gekocht, um dann mit Öl oder (bei *palau*) weiteren Zutaten gemischt zu dämpfen. Die knusprige Kruste, die bei dem zweiten Garvorgang auf dem Boden des Topfs entsteht, gilt als Delikatesse. Eine dritte wichtige Kategorie der afghanischen Reisküche sind Gerichte, die aus Rundkornreis, afghanisch »Dickreis« *(berendsch-e luk)*, hergestellt werden. Diese werden als *schola* oder *bata* bezeichnet und können sowohl würzig als auch süß sein. Eine beliebte Variante ist *Ketschri Qorut*, ein wunderbar matschiger Brei aus Rundkornreis und Mungbohnen, in dessen Mitte Joghurt und Hackfleischsauce geträufelt werden.

Auch heute noch bedeuten Reis und Fleisch einen gewissen Luxus und werden zu speziellen Gelegenheiten zubereitet. Brot ist und war das Grundnahrungsmittel schlechthin. Es wird zu allen Mahlzeiten gereicht und anschließend, in ein Tuch gewickelt, an einem erhöhten Ort aufbewahrt. Brot, und seien es Überbleibsel von den Mahlzeiten, wird geradezu heilig gehalten. Fällt ein Stück auf den Boden, so wird es flugs aufgehoben, zur Ehrerbietung geküsst und an die Stirn gedrückt, um anschließend an seinen Platz zurückgelegt zu werden.

Reis in allen Variationen

Brot zu allen Mahlzeiten

In Afghanistan ist frisch gebackenes Brot eine Köstlichkeit. Es wird an den Wänden eines Lehmbackofens *(tanur)* gebacken und nimmt jeweils das Aroma des verwendeten Brennholzes an. Außer dem gängigen Fladenbrot *(nan)* gibt es noch eine hauchdünne Variante, die als *Nan-e Paraki* bekannt ist. In keinem Haushalt darf der *tawa,* ein flacher gusseiserner Wok, fehlen. Dieser eignet sich für die hauseigene Herstellung von Fladenbrot, Brot mit Butterschmalz oder Öl *(Nan-e Roghani)* oder Teigtaschen mit Gemüsefüllung *(Bolani)*. Das Brot der Usbeken ist tellerförmig und hat eine feste, glänzende Oberfläche, die vor dem Backen in harmonischen Mustern eingestochen wird. Maisbrot *(Nan-e Dschawari)* ist wegen seiner Haltbarkeit beliebt. Brot dient als wichtige Beilage zu einer Reihe von Gerichten. Die in den städtischen Restaurants üblichen gegrillten Fleischspieße *(kabab)* werden auf Brot serviert. Ebenso sind die heißen Wintersuppen *(schorba)* ohne Brot undenkbar. Diese werden manchmal mit Holzlöffeln gegessen. Beliebter ist es jedoch, so viel zerteiltes Brot zur Suppe hinzuzufügen, dass die gesamte Brühe darin aufgesogen wird.

»Erst Tee trinken und dann Krieg führen«

Trotz des Siegeszugs, den Coca-Cola in jüngster Zeit erneut angetreten hat, ist Tee aus dem afghanischen Leben nicht wegzudenken. »Erst Tee trinken und dann Krieg führen«, besagt eine Redensart. Es werden sowohl schwarzer als auch grüner Tee getrunken, bisweilen mit Kardamom gewürzt. Gästen wird der Tee oft in Gläsern serviert, die großzügige Mengen Zucker enthalten. Manche Afghanen nehmen ihren Tee lieber »bitter«, lassen beim Trinken aber Würfelzucker im Mund zergehen. Häufig werden zum Tee Süßigkeiten wie Bonbons, Rosinen oder gezuckerte Mandeln, Pistazien oder Kichererbsen *(nuql)* gereicht. Auch im Sommer wird Tee getrunken. Von den Usbeken und Turkmenen im Norden des Landes heißt es, dass sie in ihre langen Baumwollmäntel gewickelt Tasse um Tasse grünen Tees konsumieren, um so die Hitze mit Hitze zu vertreiben.

Diese Strategie mag sich aus der Vorstellung ableiten, dass gewisse Nahrungsmittel als »warm« und »kalt« einzustufen sind, unabhängig von der Temperatur, in der sie genossen werden. So gehören beispielsweise grüner Tee, Reis, Gerstenbrot, Ziegen- und Rindfleisch zu den »kalten« Lebensmitteln, wohingegen schwarzer Tee, Weizenbrot, Hammel- und Hühnerfleisch als »warm« angesehen werden. Entsprechend gilt Hühnersuppe als das ideale Gericht, um der Kälte des Winters entgegenzuwirken und Erkältungen vorzubeugen. Unter den Menschen lassen sich diese Eigenschaften auch den verschiedenen Geschlechtern bzw. Altersstufen zuordnen. Kinder und Frauen werden aufgrund der ihnen zugeschriebenen Emotionalität als »warm« angesehen, während Männer und alte Menschen dem kalten Temperament entsprechen. Da Gesundheit von der Ausgewogenheit der Eigenschaften abhängt, gilt es, starke Tendenzen in die eine oder andere Richtung durch die passende Ernährung auszugleichen. Frauen im Kindbett gelten als »kalt« und müssen daher mit wärmenden Mitteln wie Ingwer, Bockshornsamen und Datteln gestärkt werden.

Das »Kalt-warm-Prinzip«

Afghanische Sitten und Gebräuche

»Mein Haus ist euer Haus«

Die afghanische Gastfreundschaft ist sprichwörtlich. Trifft ein Fremder in einer Ortschaft ein, kann er damit rechnen, im örtlichen Teehaus zu einer Tasse Tee eingeladen und nach dem Woher und Wohin gefragt zu werden. Die wohlhabenden Paschtunen unterhalten eigene Gästehäuser *(hudschra)*, in denen Besucher aufgenommen werden und sich die Dorfbevölkerung trifft. In der traditionellen Gesellschaft spielte die Gastfreundschaft auch intern eine wichtige Rolle. Die Verteilung von Nahrungsmitteln anlässlich religiöser Feste, die Einladung zu Hochzeiten sowie die tägliche Bewirtung im Gästehaus sicherte gerade den ärmeren Mitgliedern der Dorfgemeinschaft das Überleben. Die Gastgeber hingegen gewannen durch ihre Freigebigkeit Gefolgschaften und somit Einfluss in der Gemeinde. Je mehr Gäste zu einer Hochzeit eingeladen wurden, desto größer war das symbolische Kapital des Gastgebers, auch wenn er sich für das Festessen in ganz reale Schulden stürzen musste. Auch heute sind ärmere Bauern noch bereit ihr letztes Huhn für Gäste zu schlachten. Eine Verweigerung der Gastfreundschaft würde einen Ehrverlust vor den anderen Dorfbewohnern nach sich ziehen.

Im Gegensatz zu deutschen Tischsitten gilt es als unhöflich, soeben eingetroffenen Gästen sofort das Essen aufzutragen. Der Gastgeber heißt die Besucher willkommen, reicht Tee, Süßigkeiten und Knabbereien und unterhält sie eine Zeit lang, bevor er höflich anfragt, ob das Essen serviert werden soll. Die Afghanen verstehen es, auch fremde Gäste freundlich ins Gespräch einzubinden und die angeschnittenen Themen mit Anekdoten und Gedichten zu untermalen. Zur Mahlzeit breitet man ein Tuch *(dastarkhwan)* auf dem Boden aus, auf dem verschiedene Speisen, Brot, eingelegtes Gemüse, Salat und Joghurt harmonisch angerichtet werden. Vor und nach der Mahlzeit macht ein Familienmitglied mit einer geschwungenen Metallkanne und einer verzierten Waschschüssel die Runde, so dass alle Anwesenden ihre Hände waschen können.

Die Essgewohnheiten variieren nach Stadt und Land. In den ländlichen Gebieten essen Frauen und Männer in der Regel getrennt. Während es in Kabul undenkbar wäre, dass mehrere Personen von einer großen Platte essen, ist dies auf dem Land gang und gäbe und unterstreicht noch die gegenseitige Vertrautheit. Reis und Sauce werden in der rechten Hand mundgerecht geformt und mit dem Daumen in den Mund geschoben. Ausländern und Städtern, denen diese Kunst weniger geläufig ist, stellt man jedoch gern Löffel und Gabel als Besteck zur Verfügung. Süßspeisen wie Pudding mit Mandeln, Pistazien und Kardamom *(Ferni)* beschließen die Mahlzeit. Noch ist aber der Abend nicht zu Ende. Es folgt Tasse um Tasse heißen Tees und weitere Unterhaltung. Wenn schließlich die Gäste um Erlaubnis zum Aufbruch bitten, lässt der Gastgeber es sich nicht nehmen, den Abschied aufzuschieben. »Bleibt doch über Nacht. Mein Haus ist euer Haus«, ist die Standardantwort bei diesen Gelegenheiten.

Das größte Vergnügen sind Mahlzeiten in der freien Natur. Sofern ein Garten vorhanden ist, werden dort Teppiche und voluminöse Kissen im Schatten der Bäume ausgebreitet und sorgen für eine festliche Atmosphäre. Ebenso beliebt sind Picknicks in den städtischen Parks oder bei Sehenswürdigkeiten. Wie in anderen islamischen Ländern entspricht der Freitag dem europäischen Wochenende. Dann zieht es ganze Familienverbände samt Obst, Kabab und Tee an die frische Luft. Auch hier versammelt man sich um ein liebevoll gedecktes Tischtuch, als Sitzgelegenheiten dienen handgewebte Teppiche. Späße und Anekdoten machen die Runde, eigens mitgebrachte Musikinstrumente oder Kassettenrecorder dienen zur stimmungsvollen Untermalung. Anders als die Europäer suchen die Afghanen auf ihren Ausflügen nicht die Einsamkeit, sondern Plätze, die sich all-

Essen im Freien

gemein großer Beliebtheit erfreuen. Sehen und gesehen werden ist die Devise.

Gemeinsame Feste

Das afghanische Jahr beginnt mit dem Nauroz-Fest am 21. März. Am Vorabend des neuen Jahres treibt in der Volksvorstellung *adschuzak,* eine hässliche alte Frau, ihr Unwesen und kleine Kinder müssen vor ihrem bösen Blick geschützt werden. Darüber hinaus lässt sich aus *adschuzaks* Glück beim Schaukeln das Wetter des kommenden Jahres ablesen. Dafür wird eine Puppe auf eine Schaukel gesetzt: Fällt sie nach links, verheißt dies ein trockenes Jahr, fällt sie aber nach rechts »ins Wasser«, bedeutet dies Regen im Überfluss. Ähnliches lässt sich aus dem Verhalten eines Frosches im Weckglas ablesen: Steigt er auf der Leiter nach oben ins Trockene, steht Trockenheit bevor. Bleibt er im Wasser sitzen, ist dies ein gutes Omen. Am Neujahrstag geht man hinaus und genießt das zarte Grün der Felder und Bäume. Abends ein weiß gefiedertes Huhn mit weißem Reis und Spinat zu essen bedeutet Glück und Segen für das ganze Jahr.

Eine der speziellen Speisen, die zum Neujahrstag hergestellt werden, heißt *Haft Mewa* oder »Sieben Früchte«. Hierfür weicht man sieben Sorten getrocknete Früchte (Walnüsse, Mandeln, Pistazien, Sultaninen, grüne Rosinen, Aprikosen und Jujubenbeeren, *sendsched* genannt) in Wasser ein, so dass ein delikat süßes Kompott entsteht. Eine weitere Spezialität, *Samanak,* wird am Tag vor Neujahr im Rahmen einer Familienfeier hergestellt, die nahezu 24 Stunden dauert. Hierzu wird der Saft frischer Weizensprosse und Mehl unter ständigem Rühren zu einer kräftig schmeckenden Paste eingekocht, der zum Schluss ganze Walnüsse zugegeben werden. Wenn das *Samanak* schließlich die richtige Konsistenz erreicht hat, wird es mit Mohn dekoriert und unter Freunden und Nachbarn verteilt. Während die Zubereitung dieser Köstlichkeit Frauen und Kindern vorbehalten ist, gibt es unterdessen für den ganzen Familienverband reichlich zu essen, Musik und Tanz. Das Kochen und Wenden der Paste dauert bis in die frühen Morgenstunden fort. Zum Schluss wachen nur noch die alten Frauen über diesen Vorgang, während die jungen Leute schon alle schlafen. Ein beliebtes Neujahrsgedicht besingt die Freuden des Neujahrstags und die Zubereitung von *Samanak* folgendermaßen:

Ein Gedicht zum Neujahrstag

Das Samanak kocht, lasst uns umrühren,
die Mädchen schlafen, lasst uns das Samanak
    zurechtstreichen.
Samanak ist ein Gelöbnis zum neuen Jahr,
es ist das Fest für Nachteulen,
diese Freude gibt es nur einmal im Jahr.
Auf ein gutes neues Jahr!

Mögen deine Wünsche in Erfüllung gehen,
möge das Samanak leise köcheln,
mögen die Fröhlichen neue Kleidung tragen.
Auf ein gutes neues Jahr!

Diese Frühlingsblume
hat tausend Freuden,
besonders für jene, die die Nacht zum Tage machen,
Auf ein gutes neues Jahr!

Samanak ist ohne Zucker süß,
es nimmt von selbst Farbe an,
es schmeckt fein wie Pudding.
Auf ein gutes neues Jahr!

Sein Blubbern ist schön anzusehen,
es zischt, dass es Freude macht,
am Rand wird es langsam cremig.
Auf ein gutes neues Jahr!

Samanak läutet den Frühling ein,
es ist der Anlass zu lärmender Fröhlichkeit,
es geht mit herrlichem Durcheinander einher.
Auf ein gutes neues Jahr!

Nauroz geht auf die vorislamische Zeit zurück. Sein Datum richtet sich wie bei uns nach dem Sonnenkalender und fällt immer auf den Frühlingsanfang. Im Gegensatz dazu leiten sich die islamischen Feste vom Mondkalender ab, dessen Jahr aus 354

Mit dem Mond fasten

Tagen besteht. Daher verlagern sich alle wichtigen religiösen Feierlichkeiten jedes Jahr gemessen am Sonnenkalender um elf Tage nach vorn und entsprechen keiner festen Jahreszeit. Die Fastenzeit im neunten islamischen Monat Ramadan beginnt und endet mit Neumond. In dieser Zeit darf tagsüber nicht gegessen, getrunken oder geraucht werden. Sowie es morgens hell genug ist »einen weißen von einem schwarzen Faden zu unterscheiden«, beginnt die Fastenzeit. Vor dem Krieg verkündete die altmodische Kanone auf dem Scherdarwaza-Hügel bei Kabul den Tagesanbruch und den Sonnenuntergang. Bei Anbruch der Dunkelheit wird das Fasten mit einem Schluck Wasser, Datteln oder Rosinen gebrochen. Nach dem Abendgebet folgen dann je nach Geldbeutel reichliche und leckere Mahlzeiten, die den täglichen Kalorienverlust zumeist mehr als ausgleichen.

Sowie die Neumondsichel des folgenden Monats gesichtet wird, ist die Fastenzeit beendet. Es folgt das dreitägige »kleine« Fest des Fastenbrechens, *id-e fetr,* das ausgelassen gefeiert wird. Die ganze Familie trägt Festtagskleidung, die möglichst neu sein sollte. Die Männer begeben sich zum gemeinsamen Gebet in die größte Moschee der Stadt, daheim bereiten die Frauen der Familie ein Festessen. Die Kinder erhalten Süßigkeiten und Geldgeschenke. In den folgenden Tagen besuchen sich Freunde und Verwandte gegenseitig.

Das Opferfest

Knapp sechs Wochen später folgt das »große« Fest. Auch als Opferfest oder *id-e qorban* bekannt, erinnert es an Abrahams Bereitschaft, seinen Sohn Ismail zu opfern. Dies ist ein lohnender Tag für alle Viehhändler, denn jede Familie, die es sich leisten kann, schlachtet zu diesem Anlass ein wohl genährtes Tier, in der Regel ein Schaf oder Rind. Das Fleisch wird zu drei gleichen Teilen an die Familie, die weitere Verwandtschaft und die Armen des Viertels verteilt. Die Dorfmoscheen werden zum Treffpunkt der Männer, die bei dieser Gelegenheit alten Streit begraben und anschließend gemeinsam beten und essen. Die Frauen schmücken ihre Hände mit Henna und bieten allen Besuchern ein

Stück vom Opferfleisch an. Vor dem Krieg wurden sowohl das kleine als auch das große Fest je nach örtlicher Tradition von *buzkaschi*-Spielen oder Musik und Tanz für die Männer begleitet.

Viele Feste beziehen sich auf wichtige Daten im Leben des Propheten Muhammad und seiner Familie. Von besonderer Bedeutung ist Muhammads Geburtstag oder *maulud-e scharif* am zwölften *rabi ul-awwal,* dem dritten Monat des islamischen Kalenders. Da Muhammads Geburts- und Todestag auf dasselbe Datum fallen, begehen die Afghanen diesen Tag entsprechend feierlich und bemühen sich weder Kummer noch Freude zu zeigen. Wie beim Opferfest werden zu dieser Gelegenheit Almosen verteilt, die von Mehlkonfekt *(Halwa)* in dünnem Brot bis Dickreis mit Fleisch *(Schola-e Goschti)* reichen. Die Vollmondnacht des achten islamischen Monats Schaaban *(schab-e barat)* wird mit Feuerwerk, Böllern und Kerzen begangen, denn in dieser Nacht treten nach islamischem Glauben die Engel als himmlische Vermittler für die Gläubigen auf. An diesem Datum im Jahre 625 soll der Prophet bei der Schlacht am Berge Uhud einen Zahn verloren haben. Weil er in dem Zustand nur weiche Süßigkeiten essen konnte, will es die Legende, dass seine Tochter Fatima an diesem Tag in seinem Namen ein Milchreisgericht kochte. In Erinnerung an diese Begebenheit wird auch heute noch in Afghanistan eine solche Speise namens *Degtscha* zubereitet und an Familien, Nachbarn und Freunde verteilt.

Von besonderer Bedeutung sind auch die Feierlichkeiten, die auf Ali, den Cousin und Schwiegersohn des Propheten, und seine Nachkommen zurückgehen. Am zehnten Muharram gibt es Safranreis mit Rosenwasser, *Schola-e Zard,* denn dieser Tag ist dem Gedenken an das Martyrium von Alis Sohn Husain gewidmet. Ali selbst gilt als der »Überwinder aller Schwierigkeiten« *(moschkel-koscha).* Besonders unter Frauen ist es Sitte, am dritten Tag jedes islamischen Monats ein Gebet an ihn zu richten und ihm Rosinen und geröstete Kichererbsen darzubringen. Regelmäßig ausgeführt, soll

Feste für den Propheten ...

... und seine Familie

dieses Gebet die Kraft haben, sogar den ärmsten Reisigsammler zum reichen Mann zu machen. Ebenso viel Segen verspricht es, im Namen Alis ein »Tischtuch« *(dastarkhwan-e sakhi)* auszubreiten und allen Anwesenden eine Portion sieben verschiedener Trockenfrüchte zu servieren, die vorher in einer großen Lehmschüssel gemischt wurden. Die Überbleibsel dieser Mahlzeit werden in fließendes Wasser gestreut. Das Grab Alis in Mazar-e Scharif ist sowohl für Sunniten als auch Schiiten ein wichtiges Pilgerziel. Besonders bedeutsam ist der Besuch des Heiligengrabs um *Nauroz*, denn dann wird für 40 Tage ein Fahnenmast aufgestellt, den zu berühren Segen und Heilung verschiedener Gebrechen verspricht.

Dr. Christine Nölle-Karimi entdeckte schon als Gymnasiastin ihre Liebe zu Afghanistan und beschäftigt sich seither mit der Kultur und Geschichte der Region. Derzeit ist sie wissenschaftliche Mitarbeiterin am Nah-Ost-Institut der Ludwig-Maximilians-Universität München.

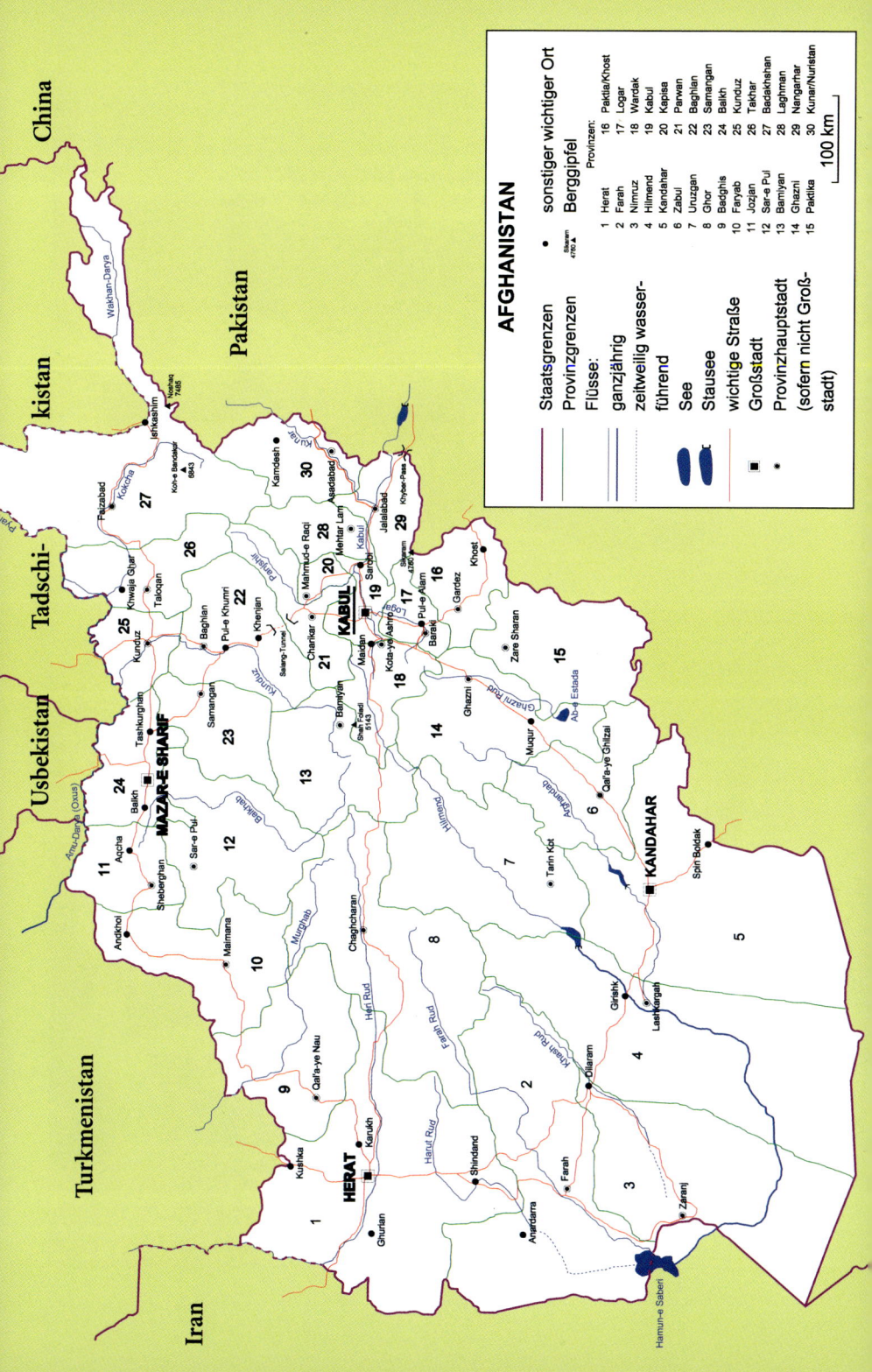

▲ Straßenverkauf von Granatäpfeln. Aufgrund ihres einzigartigen Aromas, ließen sich schon indische Könige diese Köstlichkeiten an ihre Höfe liefern.

▲ Getrocknete Früchte und Gewürze auf dem Basar in Kabul.

▲ Im sonnigen Herbst liegt der Duft der Zuckermelonen schwer in der staubigen Luft.

▲ Dromedare erweisen sich in den afghanischen Wüstenregionen immer noch als zuverlässige Lastenträger.

▲ Islamische Architektur im Norden Afghanistans.

▲ Ein afghanisches Mädchen, in traditioneller Kleidung auf dem Weg zum Wasserholen.

Typische Zutaten

Duft und Würze afghanischer Speisen sind eher zart als überwältigend. Mit Vorliebe wird auf kleiner Flamme beziehungsweise bei schwacher Hitze gekocht, um das Aroma der Gewürze zu voller Entfaltung kommen zu lassen und den Gerichten so ihren besonderen Geschmack zu erhalten und zu verleihen. Manche Gewürze dienen als natürliche Geschmacksverstärker und schaffen kulinarische Gaumenfreuden, andere geben dem Essen die typische Farbe; sie dienen der Schärfe, werden zum Andicken von Saucen verwendet und begünstigen zuweilen die Bekömmlichkeit. So werden beispielsweise schwer verdauliche Hülsenfrüchte durch Ingwer leichter bekömmlich oder Kümmel macht Braten, Kohl, Kartoffeln und Krautsalate einfacher verdaulich.

Ajowan ähnelt Anis, ist aber im südlichen Indien heimisch. Die Samen haben einen scharfen, leicht bitteren Geschmack. Ajowan wird nicht nur als Gewürz verwendet, sondern hat auch heilende Wirkung. Mit Fenchel gemischt wird es Kleinkindern verabreicht, die an Blähungen leiden.

Ajowan
Dschwani

Die Früchte der Berberitze sind rote und fleischige Beeren von säuerlichem Geschmack. Die getrockneten Beeren werden zu Pulver gemahlen, das man zum Würzen von gegrilltem Fleisch verwendet. Beeren oder Pulver werden auch zum Garnieren von Reisgerichten gebraucht.

Berberitze
Zereschk

Bockshornsamen ist ein Schmetterlingsblütler aus Westasien und wurde bereits von den alten Ägyptern als fiebersenkende Paste verwandt. Die harten, gelbbraunen Samen werden für Currypulver und Chutney verwandt. Ihr Geschmack ist leicht bitter, würzig und mehlig.

Bockshornsamen
Holbadana

Chili, Paprika
Mortsch

Der Geschmack der verschiedenen Paprika und Chilisorten reicht von süß bis brennend scharf. Aus seinem Ursprungland Mexiko gelangte dieses Gemüse und Gewürz mit Christoph Kolumbus nach Europa und wurde bald darauf in den indischen Kolonien der Portugiesen angebaut. Sowohl frische als auch getrocknete Chilis finden in der afghanischen Küche Verwendung, um Gemüse-, Fleisch- und Fischgerichten sowie Salaten den letzten Pfiff zu geben. Gefüllter Paprika *(dolma)* hat einen festen Platz in der afghanischen Küche.

Curry

Die Ingredienzien dieser Gewürzmischung sind typisch indisch: Kurkuma, Ingwer, Pfeffer, Koriander, Kreuzkümmel und Chili werden trocken in der Pfanne angeröstet und dann gemahlen.

Dill
Schebet

Dill stammt aus Südeuropa und war schon den alten Ägyptern bekannt. In Afghanistan wird dieses aromatische Kraut aufgrund seiner beruhigenden Wirkung als Tee bei Blutdruckleiden verwendet. Frische und getrocknete Dillspitzen eignen sich als Würze für Suppen, Saucen, Fischgerichte und Salate.

Fenchel
Badian

Fenchel ist wie Dill und Ajowan ein Doldenblütler und an seinem leichten Anisduft zu erkennen. Fencheltee galt bei den alten Ägyptern als gutes Mittel gegen Blähungen und Magenschmerzen, in Afghanistan werden die gemahlenen Samen auch heute noch für denselben Zweck eingesetzt.

Hülsenfrüchte
Hobubat

Die afghanische Küche verwendet zahlreiche Hülsenfrüchte. Weniger bekannt, aber dennoch typisch sind halbe Kichererbsen und halbe gelbe Erbsen in Fleischsaucen sowie Mungbohnen in Dickreisgerichten.

Ingwer
Zandschabil

Ingwer wird seit über 3000 Jahren im tropischen Asien angebaut und gelangte um Christi Geburt von Indien nach Europa. Die Wurzel hat ein würzig-scharfes Aroma und wird frisch oder als Pulver verwandt. In der afghanischen Küche dient Ingwer zur Verfeinerung von Fisch- und Fleischgerichten, Chutneys und Salaten. Ingwertee wird eine entspannende und durchblutungsfördernde Wirkung nachgesagt.

Ihr Geschmack ist herb, bitter-würzig und appetitanregend und durch den Essig, in dem sie konserviert werden, leicht säuerlich. Man verwendet sie hauptsächlich zum Verfeinern pikanter Saucen, zu Fleisch- und Fischgerichten, Gulasch und Salaten.

Kaper
Kawar

Kardamom ist in Indien heimisch. Die Fruchtkapseln des grünen und schwarzen Kardamom enthalten aromatische und kräftig schmeckende Samenkörner. In Afghanistan würzt man Reis, Backwaren, Konfekt und Süßspeisen damit. Tee wird häufig mit zerstoßenem oder gemahlenem Kardamom verfeinert, was seine verdauungsfördernde Wirkung steigert.

Kardamom
Hel

Knoblauch verbreitete sich vor 5000 Jahren aus Zentralasien in den Mittelmeerraum. Sein typisches Aroma ist aus der afghanischen Küche nicht wegzudenken. Er eignet sich als Würze für Fisch- und Fleischgerichte, insbesondere Hammelfleisch, sowie Gemüse, Saucen und Suppen. Ihm wird eine blutdrucksenkende Wirkung nachgesagt. Eingelegter Knoblauch gilt als besondere Köstlichkeit.

Knoblauch
Sir

Koriander ist im Mittelmeerraum heimisch. Das frische Kraut hat einen leicht süßlichen, intensiven Geschmack und eignet sich sowohl frisch als auch getrocknet zum Würzen von Fleisch, Kabab, Saucen, Rühreiern und Salat. Die Samen haben einen würzigen Geschmack und sind durch ihre blähungslindernde Wirkung die ideale Abrundung für Gerichte mit Kohl und Zwiebeln.

Koriander
Gaschniz

Kreuzkümmel wird von alters her in Indien, Arabien und dem Mittelmeerraum kultiviert. Die Samen ähneln gewöhnlichem Kümmel und haben einen stark aromatischen Geruch und leicht bitteren Geschmack. Aufgrund ihrer verdauungsför-

Kreuzkümmel
Zira

dernden Wirkung eignen sie sich vor allem für Kohlgerichte, werden aber auch bei der Zubereitung von anderem Gemüse, Reis und Fleisch verwendet.

Kurkuma, Gelbwurz
Zardtschoba

Kurkuma wird seit über 2000 Jahren in Indien, China und im Mittleren Osten angebaut. Aufgrund seiner intensiven gelben Farbe wird es von alters her als Färbemittel verwendet. Es ist wichtiger Bestandteil des Currypulvers, dem es seine Farbe verleiht. Kurkuma wird, leicht in Öl geröstet, für Fleischsaucen und Suppen verwendet.

Minze
Naana, Podina

In Afghanistan unterscheidet man zwei Minzearten. *Naana* wird angepflanzt, während *Podina* wild an Bächen wächst. *Naana* verwendet man frisch oder getrocknet für Hammelfleisch, Kabab, Salat und verschiedene Gemüse sowie Joghurtsaucen. *Podina* eignet sich für erfrischende Buttermilchgetränke und Joghurt in der heißen Sommerzeit.

Nelken
Mekhak

Mekhak bedeutet »Nägelchen« und dieser Name leitet sich aus der Form der getrockneten, dunkelbraunen Blütenknospen des Gewürznelkenbaums ab. Auf den Molukken heimisch, war die Gewürznelke den Chinesen und Indern schon Jahrhunderte vor Christi Geburt bekannt. Nelken haben ein würziges, fast brennendes Aroma. Sie werden für Reisgerichte, Süßspeisen, Backwaren und Fleischgerichte verwendet.

Nüsse
Khastabab

Mandeln, Pistazien, Hasel- und Walnüsse sind gute Eiweißquellen. Sie finden in der afghanischen Küche großzügige und häufige Verwendung, beispielsweise zum Garnieren von Reisgerichten, in Gebäck und Konfekt. Natürlich werden sie auch einfach zum Knabbern und Naschen auf den Tisch gestellt, wenn man beim Tee zusammensitzt.

Orangenschale, getrocknet
Khelal-e Narendsch

Die weiße Schicht der Schale wird mit einem scharfen Messer entfernt, dann wird die Schale in lange, dünne Streifen geschnitten. Sie werden durch Trocknen konserviert und haben einen milden, aromatischen Geschmack. Man verwendet sie für Reisgerichte.

Schwarzer Pfeffer wird aus den getrockneten grünen Beerenfrüchten der in Indien heimischen Pfefferpflanze gewonnen und hat einen brennend scharfen Geschmack. Für weißen Pfeffer entfernt man die Fruchthaut der fast reifen Pfefferbeeren, sein Geschmack ist entsprechend milder. Er wird ganz, zerstoßen sowie grob oder fein gemahlen für Fleischgerichte, Suppen, Gemüse, Saucen, Fisch und Salate verwendet.

Pfeffer, schwarzer
Morch-e Siah

Aus Zuckerrohr wird durch Zerquetschen Saft gewonnen. Dieser wird aufgekocht, bis er eindickt, und anschließend in der Sonne getrocknet. Er hat eine gelbbraune Farbe und wird überwiegend für Süßspeisen und als Kandis zum Tee gereicht.

Rohrzucker
Gur

Rosenwasser wird durch das Destillieren von Rosenblättern gewonnen. Schon vor Christi Geburt wurde es von Persien nach China exportiert. Es hat einen milden, süßlichen, intensiven Duft und wird vor allem zum Aromatisieren von Süßspeisen, für Desserts, Konfekt und Gebäck verwendet.

Rosenwasser
Araq-e Golab

Safran besteht aus den Blütennarben der Krokusblüte und wird heute noch per Hand geerntet. Während sein Ursprung in Kleinasien gesehen wird, ist heute Ostiran ein wichtiges Anbaugebiet. Safran wurde von alters her als Färbemittel und Gewürz eingesetzt. Es hat einen aromatischen, leicht bitteren Geschmack und eignet sich zum Würzen von Reis-, Fisch- und Fleischgerichten.

Safran
Zaafaran

Schwarzkümmel stammt aus Westasien und wird heute hauptsächlich in Indien angebaut. Die Samen haben einen würzig-scharfen, pfefferartigen Geschmack und werden auf Brot, Kuchen und Gebäck gestreut.

Schwarzkümmel
Siahdana

Trockenjoghurt ist entwässerter und getrockneter Joghurt, der erst nach Einweichen in Wasser zum

Trockenjoghurt
Qorut

Kochen verwendet werden kann. Er ist ein beliebter Bestandteil der afghanischen Küche.

Trockenweintrauben
Ghora-e Angur

Helle Weintrauben – unreif, säuerlich und kernlos – werden in der Sonne getrocknet und zu einem Pulver zerstoßen. Dieses Pulver hat einen säuerlich-herben und süßlichen Geschmack. Man würzt damit Kebabs, Fleisch, die Reisgerichte *tschalau* und Eiergerichte.

Zimt
Dartschini

Zimt war schon um 2800 v. Chr. sowohl Chinesen als auch Ägyptern in verschiedenen Variationen bekannt. Ceylon-Zimt wird aus der inneren Baumrinde gewonnen und hat einen feurig-würzigen, süß-brennenden Geschmack. Er eignet sich für Reis- und Fleischgerichte sowie Süßspeisen und Backwaren.

Literatur

Brentjes und Burchard: Völkerschicksale am Hindukusch. Leipzig 1983

Horst Büscher: Afghanistan. In: Handbuch der Dritten Welt, herausgegeben von Dieter Nohlen und Franz Nuscheler. Band 7. Bonn 1994

Jean Deloche: Transport and Communications in India. Band 1. New Delhi 1993

Bert Fragner: From the Caucasus to the Roof of the World: A Culinary Adventure. In: Culinary Cultures of the Middle East, herausgegeben von Sami Zubaida und Richard Tapper. London 1994

Roland Gööck: Das Buch der Gewürze. München 1977

Erwin Grötzbach: Afghanistan – eine geographische Landeskunde. Darmstadt 1990

H.-J. Klimkeit: Die Weltreligionen in Sinkiang in vorislamischer Zeit. In: Kunst und Kultur entlang der Seidenstraße, herausgegeben von H.G. Franz. Graz 1989

Elisabeth Lambert Ortiz: Kräuter, Gewürze und Essenzen. München 2001

Helen Saberi: Afghan Food and Cookery. New York 2000

Annemarie Schimmel: Das islamische Jahr. München 2001

Peter Snoy: »Die Bevölkerung«, »Allahu Akbar«, »Dorfleben – Stadtleben«. In: Afghanistan, herausgegeben von M. R. Nicod. Innsbruck 1985

Zemar Tarzi: Alte Kultur. In: Afghanistan, herausgegeben von M. R. Nicod. Innsbruck 1985

Hinweise

In den Rezepten werden einige Maße nicht in Gramm, sondern in Teelöffel, Esslöffel, Tasse, Schuss oder Stück angegeben, da diese beim Kochen einfacher zu handhaben sind. 1 Tasse entspricht 125 ml.

Alle Rezepte mit Ausnahme der Getränke sind für drei bis vier Personen berechnet.

Zur Aussprache:

Buchstaben-
Kombinationen / Beispiel / Aussprache

gh	Afghan, Dugh	stimmhaftes »ch«, entspricht dem deutschen Gaumen-r
kh	Dampokht, Mekhak	stimmloses »ch« wie in »Bach«
q	Qabeli, Qorma	stimmloses kehliges »q«
s	Seb	stimmloses »s« wie in »Bus«
z	Piaz, Zardak	stimmhaftes »s« wie in »Sonne«

Suppen

Kartoffelsuppe
Pjawa-e Katschalu

500 g Kartoffeln
1 Zwiebel
2 Knoblauchzehen
3 EL Butter
1 Prise Kurkuma
1 l klare Brühe
1 EL frische Korianderblätter
edelsüßes Paprikapulver

◆ Kartoffeln schälen und würfeln. Zwiebel und Knoblauch würfeln.
In einem Topf Butter zerlassen, Zwiebel und Knoblauch glasig dünsten. Kartoffeln hinzufügen und wenden. Mit Kurkuma, Pfeffer und Salz würzig abschmecken. Mit Brühe ablöschen, bei mittlerer Hitze etwa 10 Minuten köcheln.
Die Suppe in eine Schüssel gießen, mit Korianderblättern und Paprika garnieren.
Beilagen: Bauernbrot oder Brötchen, Paprikasauce (Seite 138)

Linsensuppe
Eschkana-e Daal-e Nask

200 g gelbe Linsen
1 Zwiebel
3 EL Öl
2 EL Weizenmehl
½ TL Currypulver
edelsüßes Paprikapulver

◆ Die Linsen in einem Sieb waschen, mit ½ l Wasser in einem Topf halb weich kochen und zur Seite stellen. Die Zwiebel würfeln.
Öl erhitzen und die Zwiebel dünsten. Mit Mehl bestreuen und hell bräunen. Mit den Linsen ablöschen, mit Curry, Pfeffer und Salz abschmecken. Alles köcheln, bis die Linsen weich sind.
Die Suppe in eine Schüssel gießen und mit Paprika bestreuen.

Quark-Zwiebel-Suppe
Qoruti

2 l Buttermilch
1 große Zwiebel
2 Knoblauchzehen
3-4 EL Butter
1 Prise Kurkuma
2 dunkle Fladenbrote
rotes Paprikapulver

◆ In einem großen Topf die Buttermilch zum Kochen bringen. Sobald sich Käsemasse und Molke trennen, durchsieben und die Molke auffangen. Die Käsemasse zurück in den Topf geben. Mit etwas Molke und Salz bei schwacher Hitze unter ständigem Rühren zu einem Quarkbrei aufkochen. Mit der Molke zu einem flüssigen Brei verdünnen und warm stellen. Zwiebel und Knoblauch fein würfeln.
In einer Pfanne Butter zerlassen, Zwiebel, Knoblauch und Kurkuma andünsten, bis die Zwiebelspitzen hellbraun sind.
Etwas Fladenbrot in eine Schüssel bröseln und mit Quarkbrei übergießen. Zwiebeln und überschüssige Butter darauf verteilen und mit Paprika bestreuen. Restliches Brot getrennt dazu servieren.

Reissuppe
Schorbaberendsch

300 g Hühnerfleisch
100 g Dickreis
1 große Möhre
2 feste Tomaten
10 getrocknete Pflaumen
1 Zwiebel
1 Bund Dill
3-4 EL Olivenöl
2 Knoblauchzehen
⅓ TL Kurkuma
½ l kräftige Fleischbrühe

◆ Das Fleisch würfeln, waschen und trockentupfen. Den Reis waschen und abtropfen lassen. Möhre schaben und würfeln. Die Tomaten kurz in kochendes Wasser tauchen, häuten, vierteln, entkernen und würfeln. Pflaumen waschen. Die Zwiebel würfeln, den Dill hacken.
Öl erhitzen, Zwiebel und zerdrückten Knoblauch hellbraun dünsten. Mit Kurkuma, Pfeffer und Salz abschmecken, mit Brühe ablöschen. Alle Zutaten beifügen und bei mittlerer Hitze 15 bis 20 Minuten schmoren. Falls nötig, die Flüssigkeit ergänzen.
Beilage: Joghurt

Tomatensuppe
Schorba-e Badendschan-e Rumi

500 g geschälte Tomaten aus der Dose
1 große Zwiebel
3-4 EL Olivenöl
2 Knoblauchzehen
2 TL gehackter frischer Koriander
⅓ TL Kurkuma
⅓ TL gemahlener Zimt
1 l klare Brühe
2 EL frische Korianderblätter

◆ Tomaten und Zwiebel würfeln. Öl erhitzen, Zwiebel und zerdrückten Knoblauch glasig dünsten. Mit Koriander, Kurkuma, Zimt, Pfeffer und Salz würzen. Die Tomaten hinzufügen, 2 bis 3 Minuten aufkochen. Mit Brühe ablöschen und einige Minuten köcheln.
Mit Korianderblättern garniert servieren.
Beilagen: Toastbrot und Kräutersauce (Seite 138)

◆ In einem Topf den Quark bei schwacher Hitze unter ständigem Rühren zu einem dickflüssigen Brei aufkochen, mit Salz abschmecken und zur Seite stellen. Die Zwiebel würfeln.
In einem zweiten Topf Butter zerlassen, Zwiebel und zerdrückten Knoblauch glasig dünsten. Das Fleisch zugeben und mehrmals wenden. Mit Kurkuma, Curry, Dill, Ingwer und Pfeffer würzig abschmecken, mit Brühe ablöschen. Kichererbsen waschen, mit Weizen und Bohnen unterrühren, zugedeckt 30 Minuten weich schmoren.
Zum Servieren die Suppe in eine Schüssel gießen, mit dem Quarkbrei vermengen und mit Paprika bestreuen.
Heiß als Vorspeise servieren.

Hülsenfrüchtesuppe
Maschawa

250 g Sahnequark
1 große Zwiebel
3 EL Butter
2 Knoblauchzehen
200 g Hackfleisch
⅓ TL Kurkuma
1 TL Currypulver
1 EL Dillspitzen
⅓ TL gemahlener Ingwer
1 l Fleischbrühe
2 EL halbe Kichererbsen
2 EL Weizenkörner
100 g Mungbohnen
rotes edelsüßes Paprikapulver

◆ Den Fisch in große Stücke schneiden, mit zerdrücktem Knoblauch, Pfeffer und Salz einreiben, einwirken lassen. Die Zwiebel würfeln.
Öl erhitzen und die Zwiebel dünsten. Mit Kurkuma, Curry und Paprika würzen. 1 l Wasser zugießen, die Filets beifügen und bei mittlerer Hitze 10 bis 15 Minuten garen. Kurz vor dem Servieren mit Korianderblättern garnieren.
Beilage: Bauernbrot oder Vollkornbaguette

Fischsuppe
Schorba-e Mahi

1 kg Fischfilet
4 Knoblauchzehen
1 große Zwiebel
4-5 EL Olivenöl
⅓ TL Kurkuma
1 TL Currypulver
1 TL rotes Paprikapulver
2 EL frische Korianderblätter

◆ Das Lammfleisch säubern, in große Stücke schneiden, waschen und trockentupfen oder das Hähnchen enthäuten und in Portionstücke zerlegen. In einem Topf mit 1 l Wasser zum Kochen bringen, dabei den Schaum abschöpfen. Schalotten fein würfeln und zugeben, mit Kurkuma und Salz würzen. Bei mittlerer Hitze zugedeckt 30 Minuten schmoren, anschließend durchsieben.

Fleisch- oder Hähnchenbrühe
Jakhni Goscht ja Morgh

1 kg Lammrücken oder
 1 Hähnchen
4 Schalotten
1 Prise Kurkuma

Fleischsuppe
Schorba-e Goscht

500 g Lammschulter
1 Zwiebel
3 EL Speiseöl
1 TL zerdrückter Knoblauch
1 Prise Kurkuma
2 Tomaten
1 EL frische Korianderblätter

◆ Das Fleisch von Sehnen und Fett befreien, in mittelgroße Stücke schneiden, waschen und trockentupfen. Die Zwiebel würfeln.
Öl erhitzen und die Zwiebel glasig dünsten. Das Fleisch mit dem Knoblauch zugeben und unter Wenden bräunen. Mit Kurkuma, Pfeffer und Salz würzen, mit 1 l Wasser ablöschen. Die Tomaten kurz in kochendes Wasser tauchen, häuten, halbieren und entkernen. Würfeln, zugeben und alles bei mittlerer Hitze kochen. 2 bis 3 Minuten vor dem Servieren mit Korianderblättern garnieren.
Beilagen: Bauernbrot, Lauchzwiebeln, Zitronenschnitze

Fleischsuppe mit Kichererbsen und Zwiebeln
Dopiaza

am Vortag beginnen

2 rote Zwiebeln
Kräuter- oder Weinessig
1 kg Lammkeule
1 Zwiebel
1 TL zerdrückter Knoblauch
2 EL Butter
2 TL gehackter frischer Koriander
⅓ TL Kurkuma
300 g halbe Kichererbsen
dünnes Fladenbrot

◆ Rote Zwiebeln in Ringe schneiden, mit Essig bedecken und zugedeckt über Nacht ziehen lassen.
Am nächsten Tag das Fleisch von Sehnen und Fett befreien, in große Stücke schneiden und waschen. In einem Schmortopf mit 1 l Wasser zum Kochen bringen, dabei den Schaum abschöpfen. Die Zwiebel hacken, mit Knoblauch, Butter, Koriander, Kurkuma, Kichererbsen, Pfeffer und Salz unterrühren. Das Fleisch weich schmoren.
Zum Servieren Fladenbrot auf eine Gemüseplatte legen, Fleisch, Kichererbsen und eingelegte Zwiebeln abgetropft darauf anrichten, mit grob gemahlenem Pfeffer bestreuen und mit Fladenbrot zudecken. Die Suppe getrennt dazu reichen.
Beilagen: Fladenbrot und gewürztes Paprikapulver (Seite 173)

Fleisch-Gemüse-Suppe
Schorba-e Terkari

500 g Lammfleisch
8 kleine Frühlingskartoffeln
3 Möhren
8-10 Brechbohnen
3 Tomaten
1 Zwiebel
1 EL Speiseöl
1 TL zerdrückter Knoblauch
½ TL gemahlener Ingwer
⅓ TL Kurkuma
1 EL halbe Kichererbsen
2 EL frische Korianderblätter

◆ Das Fleisch von Sehnen und Fett befreien, würfeln, waschen und trockentupfen. Kartoffeln schälen, Möhren schaben und in mittelgroße Stücke schneiden. Bohnen waschen, abfädeln und in mittelgroße Stücke brechen bzw. schneiden. Die Tomaten kurz in kochendes Wasser tauchen, häuten, halbieren und entkernen. Die Zwiebel würfeln.
Öl erhitzen und die Zwiebel glasig dünsten. Das Fleisch mit dem Knoblauch zugeben und unter Wenden anbraten. Ingwer, Kurkuma, Pfeffer und Salz unterrühren, mit 1 l Wasser ablöschen. Kichererbsen waschen und zugeben, das Fleisch weich schmoren.
Kartoffeln und Gemüse beifügen, zugedeckt etwa 10 Minuten kochen. 2 bis 3 Minuten vor dem Servieren mit Korianderblättern garnieren.
Beilagen: Toastbrot oder Brötchen, eingelegte Auberginen (Seite 167)

Fleisch-Kohlrüben-Suppe
Schalgham Schorba

500 g Kalbfleisch
3 Kohlrüben
1 Zwiebel
30 ml Speiseöl
1 Prise Kurkuma
½ TL gemahlener Ingwer

◆ Das Fleisch von Sehnen und Fett befreien, in mittelgroße Stücke schneiden, waschen und trockentupfen. Die Rüben schälen und in große Stücke würfeln. Die Zwiebel würfeln.
Öl erhitzen und die Zwiebel dünsten. Das Fleisch zugeben und wenden, bis sich eine gelbe Kruste bildet. Mit Kurkuma und Ingwer würzen, mit 1 l Wasser ablöschen, pfeffern und salzen. Die Rüben hinzufügen und zugedeckt etwa 20 Minuten weich schmoren.
Beilagen: frisches Fladenbrot und eingelegte Gemüse

Fleischklößchensuppe
Schorba-e Kofta

2 große Zwiebeln
500 g Hackfleisch vom Lamm
2 Eier
1 EL getrocknete Dillspitzen
2 TL gehackter frischer Koriander
1 TL gemahlener Zimt
10 getrocknete Pflaumen
3-4 EL Speiseöl
1 EL zerdrückter Knoblauch
½ TL Kurkuma
1 EL halbe Kichererbsen
1 EL frische Korianderblätter

◆ Eine Zwiebel würfeln. Mit Fleisch, Eiern, Dill, Koriander, Zimt, Pfeffer und Salz kneten. Mit nassen Händen zu fünf Kugeln formen. Je zwei Pflaumen hineinstecken und erneut formen.
Öl erhitzen, die restliche, geriebene Zwiebel und Knoblauch glasig dünsten. Mit Kurkuma, Pfeffer und 2 TL Salz abschmecken, mit 1 l Wasser ablöschen. Kichererbsen waschen und zugeben. Die Hackfleischkugeln beifügen und bei mittlerer Hitze zugedeckt 15 bis 20 Minuten schmoren.
2 bis 3 Minuten vor dem Servieren mit 1 EL Korianderblättern garnieren.
Beilagen: frisches Fladenbrot und Rettichscheiben

Suppe in der Teekanne
Schorba-e Tschainaki

für 1 Person

3 Stunden Zubereitungszeit

1 EL halbe Kichererbsen
2 getrocknete Pflaumen
1 kleine Zwiebel
150 g Kalbsfilet
1 zerdrückte Knoblauchzehe
2 TL frische Korianderblätter
1 Prise Kurkuma
1 EL Butter
Pfeffer, Salz

◆ Kichererbsen und Pflaumen waschen. Die Zwiebel würfeln. Mit den übrigen Zutaten in eine große Porzellankanne geben und zu vier Fünftel mit Wasser füllen. Auf schwach glühender Holzkohle zwei bis drei Stunden schmoren. Die Wassermenge ergänzen.
Beilagen: Radieschen, Lauchzwiebeln, Joghurt

Buttermilch-Suppe
Eschkana-e Dughi

3 EL Butter
1 Zwiebel
1 Prise Kurkuma
weißer Pfeffer
1 l Buttermilch
  (Zimmertemperatur)
rotes edelsüßes Paprikapulver

◆ In einem Topf Butter zerlassen und die geriebene Zwiebel hell bräunen. Mit Kurkuma, weißem Pfeffer und Salz würzig abschmecken. Den Topf vom Herd nehmen, etwas abkühlen lassen, mit Buttermilch ablöschen und leicht erwärmen.
Die Suppe in eine vorgewärmte Schüssel gießen und mit Paprika bestreuen.
Beilage: Fladenbrot oder frisches Baguette

Buttermilch-Nudel-Suppe
Omatsch-e Dughi

150 g Mehl
5 EL Butter
1 Ei
2 mittelgroße Zwiebeln
1 EL Speiseöl
½ l klare Brühe
1 EL Dillspitzen
⅓ TL Kurkuma
1 l Buttermilch
  (Zimmertemperatur)
rotes edelsüßes Paprikapulver

◆ Mehl, 2 EL Butter, Eier und Salz in einer Rührschüssel mit den Fingerspitzen zu Krümeln reiben. Die Zwiebeln würfeln.
In einem Topf Öl erhitzen und die Hälfte der Zwiebeln glasig dünsten, bis sie beginnen braun zu werden. Mit Brühe ablöschen. Dill, eine Prise Kurkuma, Pfeffer und 2 TL Salz unter Rühren zugeben. Die Teigkrümel locker hineinstreuen und rühren. Die Suppe aufkochen, nach 2 bis 3 Minuten vom Herd nehmen, etwas abkühlen lassen und mit Buttermilch beliebig verdünnen. In eine Schüssel gießen.
In einer Pfanne restliche Butter zerlassen, restliche Zwiebeln mit Kurkuma andünsten. Über die Suppe verteilen und mit Paprika bestreuen.
Heiß als Vorspeise servieren.

Nudelsuppe mit Hackfleisch
Asch-e Koftadar

1 Zwiebel
2 Knoblauchzehen
30 ml Speiseöl
1 EL Tomatenmark
⅓ TL Kurkuma
½ TL Currypulver
1 l Fleischbrühe
100 g Kichererbsen
150 g rote Bohnen
30 g Fadennudeln
300 g Sahnequark
1 EL Minze
rotes edelsüßes Paprikapulver

für die Fleischklößchen:
200 g Hackfleisch vom Rind
1 geriebene Zwiebel
2 Knoblauchzehen
1 Ei
1 TL gehackter frischer Koriander
1 EL Dillspitzen
½ TL Gewürznelkenpulver
½ TL gemahlener Zimt
½ TL schwarzer Pfeffer
1 TL Salz

◆ Für die Fleischklößchen alle Zutaten in einer Schüssel kneten. Zu kleinen Bällchen formen und auf eine Platte legen.
Zwiebel und Knoblauch würfeln. Öl erhitzen, Zwiebel und Knoblauch andünsten. Tomatenmark, Kurkuma, Curry und Pfeffer unterrühren, mit Brühe ablöschen. Kichererbsen und Bohnen waschen, beifügen und zugedeckt weich schmoren. Die Fleischbällchen in die Suppe geben. Aufkochen, nach 10 Minuten die Nudeln hinzufügen und alles bei mittlerer Hitze weich garen.
Die Suppe in eine Schüssel gießen, mit Quark verfeinern und mit Paprika bestreuen.
Beilage: Kräutersauce (Seite 138)

Nudelsuppe
Asch

1 große Zwiebel
30 ml Olivenöl
4 Knoblauchzehen
½ TL Currypulver
1 EL Tomatenmark
1 l klare Brühe
100 g Kichererbsen
150 g rote Bohnen
30 g Fadennudeln
1 EL Dillspitzen
1 EL getrocknete
   Minzeblätter
300 g Sahnequark
1 Prise Kurkuma
rotes edelsüßes Paprikapulver

◆ Die Zwiebel würfeln. Öl erhitzen, Zwiebel und die Hälfte des zerdrückten Knoblauchs kräftig dünsten. Mit Curry, Pfeffer und Salz würzen. Tomatenmark unterrühren und mit Brühe ablöschen. Kichererbsen und Bohnen waschen, abtropfen lassen und zufügen, zugedeckt weich kochen. Die Nudeln locker hineinstreuen. Dill und Minze unterrühren, 5 Minuten mitkochen.
Die Suppe in eine Schüssel gießen und mit Quark verfeinern. In einer Pfanne 2 EL Öl erhitzen, restlichen Knoblauch mit Kurkuma dünsten. Über die Suppe verteilen und mit Paprika bestreuen.
Beilage: Koriandersauce (Seite 138)

Porree-Nudel-Suppe
Omatsch-e Gandana

150 g Vollkornmehl
Olivenöl
2 Stangen Porree
3 Knoblauchzehen
1 l Gemüsebrühe
1 Prise Kurkuma

◆ Mehl, 1 EL Öl, Salz und 2 bis 3 EL Wasser in einer Rührschüssel mit den Fingerspitzen zu Krümeln reiben. Den weißen Teil des Porrees gründlich waschen, in feine Ringe schneiden und halbieren. Zwei Knoblauchzehen hacken.
3 bis 4 EL Öl erhitzen, Porree und gehackten Knoblauch dünsten. Pfeffern und salzen, mit Brühe ablöschen. Die Teigkrümel locker hineinstreuen und etwa 5 Minuten köcheln.
Die Suppe in eine Schüssel gießen. In einer Pfanne 2 EL Öl erhitzen, restlichen, zerdrückten Knoblauch mit Kurkuma dünsten und über die Suppe verteilen.

Walnussblüten-Nudel-Suppe
Omatsch-e Gol-e Chaharmaghz

150 g Vollkornmehl
Olivenöl
1 Zwiebel
3 EL Butter
2 Knoblauchzehen
1 l kräftige Brühe
2 Hand voll getrocknete Walnussblüten
rotes edelsüßes Paprikapulver

◆ Mehl, 1 EL Öl, Salz und etwas Wasser in einer Rührschüssel mit den Fingerspitzen zu erbsengroßen Streuseln kneten. Die Zwiebel würfeln.
In einem Topf Butter zerlassen, Zwiebel und zerdrückten Knoblauch dünsten. Mit Brühe ablöschen, pfeffern und salzen. Streusel locker hineinstreuen und 2 bis 3 Minuten köcheln. Walnussblüten unterrühren und weitere 3 Minuten köcheln. Mit Paprika bestreuen und heiß als Vorspeise servieren.
Beilage: Koriandersauce (Seite 138)

Aprikosen-Eier-Suppe
Eschkana

15 getrocknete Aprikosen
1 große Zwiebel
3-4 EL Butter
2 Knoblauchzehen
1 Prise Safran
⅓ TL Kurkuma
1 l klare Brühe
5-6 Eier

◆ Die Aprikosen waschen und abtropfen lassen. Die Zwiebel würfeln.
Butter zerlassen, Zwiebel und zerdrückten Knoblauch glasig dünsten. Mit Safran, Kurkuma, Pfeffer und Salz pikant abschmecken, mit Brühe ablöschen. Aprikosen zufügen und mitziehen lassen. Die Eier nacheinander in die Suppe schlagen und etwa 5 Minuten köcheln.
Beilagen: Fladenbrot und eingelegte Möhren (Seite 167)

◆

Langkornreisgerichte

◆

◆ Den Reis in einem Sieb unter fließendem Wasser spülen, bis das Wasser klar abläuft. Mit warmem Wasser bedeckt ein bis zwei Stunden einweichen. In einem feuerfesten Topf 1½ l Wasser mit 1 EL Salz zum Kochen bringen. Den Reis abgießen, hineingeben und bissfest kochen, dabei gelegentlich umrühren. Erneut durch ein Sieb abgießen, mit warmem Wasser abspülen und gut abgetropft zurück in den Topf geben. Den Ofen auf 200° C vorheizen.
In einer Schüssel Öl, Buttermilch und 100 ml warmes Wasser verrühren. Unter den Reis mischen, gründlich vermengen, mit Kümmel und Kardamomsamen würzen. Zugedeckt zum Kochen bringen, bis Dampf aus dem Topf entweicht und der Reis anfängt zu knistern. Nochmals auflockern und den Topf zugedeckt auf dem Rost in den Ofen schieben. Nach etwa 30 Minuten die Hitze auf 100° C verringern und eine weitere Stunde dämpfen.
Den Reis auf einer vorgewärmten Servierplatte aufgelockert anrichten.

Beim Garen bildet sich am Boden des Topfes eine dünne goldgelbe Reisschicht. Stellt man den Topf vor dem Servieren 10 bis 15 Minuten zugedeckt auf eine kalte Fläche, so löst sich die Kruste leicht ab. Sie gilt als Delikatesse.
Da die Reiskörner je nach Sorte verschieden hart sind, müssen Wassermenge bzw. Kochzeit möglicherweise abgeändert werden.

Mildes weißes Reisgericht (Grundrezept)
Tschalau

3-4 Stunden Vorbereitungs- und Kochzeit

500 g Langkornreis
2 EL Speiseöl
4 EL Buttermilch
1 EL Kümmelkörner
5-6 Kardamomkapseln

Reis mit Auberginen- oder Zucchini-Fleisch-Mischung
Badendschan ja Torai Tschalau

500 g Langkornreis
1 kg Kalbsteak
500 g Auberginen oder Zucchini
2 Paprikaschoten
2 Chilischoten
5 Tomaten
1 große Zwiebel
3 EL Speiseöl
2 Knoblauchzehen
½ TL Gewürznelkenpulver
½ TL gemahlener Kümmel
1 TL gehackter frischer Koriander
⅓ TL Kurkuma
200 ml Tomatensaft

◆ Den Reis laut Grundrezept (Seite 55) zubereiten. Das Fleisch grob würfeln. Auberginen grob würfeln oder Zucchini fingerdick schneiden. Die Paprika halbieren und entkernen, das weiße Fruchtfleisch entfernen, die Schoten achteln. Die Chili waschen, längs halbieren, entkernen und längs vierteln. Die Tomaten kurz in kochendes Wasser tauchen, häuten, vierteln und entkernen. Die Zwiebel würfeln.

In einem Topf Öl erhitzen und das Fleisch 2 bis 3 Minuten darin wenden. Zwiebeln und zerdrückten Knoblauch zugeben, das Fleisch unter Wenden bräunen. Mit Nelken, Kümmel, Koriander, Kurkuma, Pfeffer und Salz würzen. Tomatensaft zugießen und alles zugedeckt 10 bis 15 Minuten schmoren.

Auberginen oder Zucchini zugeben, 5 bis 10 Minuten mitdünsten. Paprika, Chili und Tomaten auf dem Gemüse verteilen und alles zugedeckt weitere 5 Minuten dünsten.

◆ Den Reis in einem Sieb unter fließendem Wasser spülen, bis das Wasser klar abläuft. Mit warmem Wasser bedeckt ein bis zwei Stunden einweichen. In einem feuerfesten Topf 1½ l Wasser mit 1 EL Salz zum Kochen bringen. Den Reis abgießen, hineingeben und bissfest kochen, dabei gelegentlich umrühren. Erneut durch ein Sieb abgießen, mit warmem Wasser abspülen und gut abtropfen lassen. Den Ofen auf 200° C vorheizen.
Vier Fünftel des Reises zurück in den Topf geben. In einer Schüssel 2 EL Öl und 150 ml Wasser verrühren. Unter den Reis mischen und gründlich vermengen. Zugedeckt zum Kochen bringen, bis Dampf aus dem Topf entweicht und der Reis anfängt zu knistern. Nochmals auflockern und den Topf zugedeckt auf dem Rost in den Ofen schieben. Nach etwa 30 Minuten die Hitze auf 100° C verringern und eine weitere Stunde dämpfen.
Währenddessen den restlichen Reis in einen Topf geben. Safran in einer Prise Zucker zerstoßen, in 2 bis 3 EL Wasser auflösen und untermengen. Berberitze in einem Sieb gründlich abspülen und trockentupfen. In einer Pfanne 1 EL Öl erhitzen und die Berberitze kurz darin wenden. In Alufolie einwickeln und auf den Safranreis legen. Zugedeckt zum Kochen bringen und bei schwacher Hitze etwa 30 Minuten garen.
Den Reis auf einer vorgewärmten Servierplatte aufgelockert anrichten, den gewürzten Reis darauf verteilen und die Berberitze darauf geben.
Beilage: Blumenkohl-Bagari (Seite 89) oder Kürbis in Quark-Creme (Seite 98)

Reis mit Berberitze und Safran
Sereschk Tschalau

3-4 Stunden Vorbereitungs- und Kochzeit

500 g Langkornreis
3 EL Speiseöl
½ TL Safranfäden
3 EL getrocknete rote Berberitze

Reis mit Fisch
Mahi Tschalau

500 g Langkornreis
6 Fischfilets (je 200 g)
5 Knoblauchzehen
Zitronensaft
Paprikapulver
1 große Zwiebel
3-4 EL Speiseöl
150 ml Tomatensaft
2 TL gehackter frischer Koriander
frische Korianderblätter

◆ Den Reis laut Grundrezept (Seite 55) zubereiten. Den Fisch säubern, mit zerdrücktem Knoblauch einreiben und salzen. Mit Zitronensaft beträufeln, in Paprika wälzen und einwirken lassen. Die Zwiebel würfeln.
In einer Pfanne oder einem Wok reichlich Öl stark erhitzen und die Filets von beiden Seiten kurz anbraten. Abtropfen lassen.
In einem Topf 2 bis 3 EL Öl erhitzen und die Zwiebel glasig dünsten. Mit Tomatensaft ablöschen. Gehackten Koriander unterrühren und kurz aufkochen. Den Fisch hineingeben und zugedeckt 5 Minuten schmoren.
Den Reis auf einer vorgewärmten Servierplatte aufgelockert anrichten. Die Fisch mit der Sauce in eine Schüssel geben und mit Korianderblättern garnieren.

Reis mit würzigem Gulasch
Qorma Tschalau

500 g Langkornreis
1 kg Kalbfleisch
2 EL halbe Kichererbsen
10 getrocknete Pflaumen
1 große Zwiebel
3 EL Speiseöl
3 Knoblauchzehen
½ TL gemahlener Kümmel
1 TL gehackter frischer Koriander
½ TL Gewürznelkenpulver
1 Prise Kurkuma
½ TL gemahlener Zimt
½ TL geriebene Muskatnuss
1 EL Tomatenmark

◆ Den Reis laut Grundrezept (Seite 55) zubereiten. Das Fleisch von Sehnen und Fett befreien, in große Stücke schneiden, waschen und trockentupfen. Kichererbsen und Pflaumen waschen, abtropfen lassen. Die Zwiebel würfeln.
Öl erhitzen und die Zwiebel glasig dünsten. Das Fleisch mit zerdrücktem Knoblauch zugeben und unter Wenden rundherum bräunen. Mit Kümmel, Koriander, Nelken, Kurkuma und Zimt würzen. Mit Muskat, Pfeffer und Salz pikant abschmecken. Das Tomatenmark unterrühren, mit 300 ml Wasser ablöschen. Kichererbsen und Pflaumen untermischen. Zugedeckt schmoren, bis die Zutaten weich sind und die Sauce eindickt.
Den Reis auf einer vorgewärmten Servierplatte aufgelockert anrichten. Die Sauce getrennt dazu reichen.

◆ Den Reis laut Grundrezept (Seite 55) zubereiten. Für die Klößchen alle Zutaten in einer Schüssel gründlich durchkneten und zu Bällchen formen. Kichererbsen und Pflaumen waschen, abtropfen lassen. Die Zwiebel würfeln.
In einem Topf Öl erhitzen und die Zwiebel dünsten. Curry und Tomatenmark unterrühren, mit Brühe ablöschen. Klößchen, Kichererbsen und Pflaumen hinzufügen, pfeffern und salzen. Zugedeckt 10 bis 15 Minuten köcheln, bis die Sauce eindickt.
Den Reis auf einer vorgewärmten Servierplatte aufgelockert anrichten. Die Sauce getrennt dazu reichen.

Reis mit Fleischklößchen
Kofta Tschalau

500 g Langkornreis

für die Klößchen:
500 g Hackfleisch
1 fein gewürfelte große
   Zwiebel
3 zerdrückte
   Knoblauchzehen
2 TL gehackter frischer
   Koriander
2 TL Gewürznelkenpulver
1 TL gemahlener Ingwer
1 EL getrocknete Dillspitzen
Pfeffer, Salz

für die würzige Brühe:
2 EL halbe Kichererbsen
15 getrocknete Pflaumen
1 mittelgroße Zwiebel
2-3 EL Pflanzenöl
1 TL Currypulver
1 EL Tomatenmark
300 ml Fleischbrühe

Reis mit Hähnchen
Morgh Tschalau

500 g Langkornreis
1 Brathähnchen
1 EL Paprikapulver
4 EL Olivenöl
2 El Zitronensaft
1 EL halbe Kichererbsen
15 getrocknete Pflaumen
1 große Zwiebel
3 Knoblauchzehen
2 TL Curry
1 EL Tomatenmark

◆ Den Reis laut Grundrezept (Seite 55) zubereiten. Das Brathähnchen säubern, in acht Teile zerlegen und mit einer Mischung aus Paprika, 1 EL Öl und Zitronensaft einreiben. Kichererbsen und Pflaumen waschen und abtropfen lassen. Die Zwiebel würfeln.
In einem Bräter das restliche Öl erhitzen und die Hähnchenteile mehrmals darin wenden. Zwiebel und zerdrückten Knoblauch zugeben, das Fleisch unter Wenden braten. Mit Curry, Pfeffer und Salz abschmecken. Das Tomatenmark unterrühren, mit 300 ml Wasser ablöschen. Kichererbsen und Pflaumen untermischen. Zugedeckt schmoren, bis die Zutaten weich sind und die Sauce eindickt.
Den Reis auf einer vorgewärmten Servierplatte aufgelockert anrichten. Die Sauce getrennt dazu reichen.

Reis mit Fleisch und Kohlrüben
Schalgham Tschalau

100 g Langkornreis
1 kg Lammfleisch (Keule)
500 g Kohlrüben
1 große Zwiebel
150 g Butter
3 Knoblauchzehen
½ TL gemahlener Ingwer
1 TL gehackter frischer Koriander
½ TL Gewürznelkenpulver
5-6 Kardamomkapseln
⅓ TL Safran

◆ Den Reis laut Grundrezept (Seite 55) zubereiten. Das Fleisch in große Stücke schneiden, waschen und trockentupfen. Die Rüben schälen und vierteln, die Zwiebel würfeln.
Butter zerlassen und die Zwiebel glasig dünsten. Das Fleisch mit zerdrücktem Knoblauch zugeben und unter Wenden rundherum anbraten. Mit Ingwer, Koriander, Nelken, Pfeffer und Salz pikant abschmecken. Die Rüben zugeben und wenden, bis sie mit den Gewürzen überzogen sind. Mit 300 ml warmem Wasser ablöschen, mit Kardamomsamen und Safran würzen. Zugedeckt schmoren, bis alle Zutaten weich sind und die Sauce eindickt. Zuletzt ein paar Rübenstücke mit dem Kochlöffel in der Sauce pürieren.
Den Reis auf einer vorgewärmten Servierplatte aufgelockert anrichten. Die Sauce getrennt dazu reichen.

Vegetarische Variante
Die Sauce durch Kohlrüben-Bagari (Seite 91) ersetzen und mit eingelegten Pfirsichen (Seite 168) servieren.

Reis mit Fleisch und Quark
Lawang Tschalau

500 g Langkornreis
1 kg Lammbraten
1 Zwiebel
3-4 EL Speiseöl
3 Knoblauchzehen
1 TL gehackter frischer Koriander
½ TL Currypulver
200 g Speisequark
1 Prise Safran

◆ Den Reis laut Grundrezept (Seite 55) zubereiten. Das Fleisch von Sehnen und Fett befreien, in mittelgroße Stücke schneiden, waschen und trockentupfen. Die Zwiebel würfeln.
Öl erhitzen und die Zwiebel glasig dünsten. Das Fleisch mit zerdrücktem Knoblauch zugeben und unter Wenden rundherum bräunen. Mit Koriander, Curry, Pfeffer und Salz würzig abschmecken. Mit 300 ml Wasser ablöschen und zugedeckt schmoren, bis die Sauce eindickt.
Währenddessen in einem Topf den Quark bei schwacher Hitze unter ständigem Rühren zu einer Creme verarbeiten. Mit Safran und Salz würzen, zum Fleisch geben und unter Rühren 2 bis 3 Minuten dünsten.
Den Reis auf einer vorgewärmten Servierplatte aufgelockert anrichten. Die Sauce getrennt dazu reichen.

Reis mit Fleisch und Sauerkirschen
Jaqut Tschalau

500 g Langkornreis
500 g Lammschulter
1 kg Sauerkirschen
1 Zwiebel
3 EL Speiseöl
3 Knoblauchzehen
2 TL gehackter frischer Koriander
1 TL edelsüßes Paprikapulver

◆ Den Reis laut Grundrezept (Seite 55) zubereiten. Das Fleisch von Sehnen und Fett befreien, in große Stücke schneiden, waschen und trockentupfen. Die Kirschen entkernen. Die Zwiebel würfeln.
Öl erhitzen und die Zwiebel glasig dünsten. Das Fleisch mit zerdrücktem Knoblauch zugeben und unter Wenden kräftig anbraten. Mit Sauerkirschen und 180 ml Wasser ablöschen. Koriander und Paprika unterrühren, mit Pfeffer und Salz abschmecken. Bei schwacher Hitze kochen, bis die Sauce eindickt.
Den Reis auf einer vorgewärmten Servierplatte aufgelockert anrichten. Einen Teil der Sauce darauf geben und die restliche Sauce getrennt dazu reichen.

Reis mit Fleisch und Spinat
Sabzi Tschalau

500 g Langkornreis
1 kg Lammfleisch (Keule)
1 kg Blattspinat
1 Bund Lauchzwiebeln
1 Bund Koriander
3 EL Pflanzenöl
3 Knoblauchzehen
1 TL Currypulver
1 EL gemahlene
 Bockshornsamen
1 große Rhabarberstange
 oder 1 ungespritzte
 Zitrone

◆ Den Reis laut Grundrezept (Seite 55) zubereiten. Das Fleisch von Sehnen und Fett befreien, in mittelgroße Stücke schneiden, waschen und trockentupfen. Den Spinat verlesen, grob hacken, waschen und abtropfen lassen. Lauchzwiebeln abziehen und mit dem Grün in Ringe schneiden. Koriander grob hacken.
Öl erhitzen und die Lauchzwiebeln dünsten. Das Fleisch mit zerdrücktem Knoblauch zugeben und unter Wenden rundherum anbraten. Mit Curry, Bockshornsamen, Pfeffer und Salz würzen. Spinat und Koriander hinzufügen, bei mittlerer Hitze zugedeckt ziehen lassen, bis die Flüssigkeit verkocht ist und die Sauce eindickt.
Währenddessen den Rhabarber in 5 cm lange Stücke oder die Zitrone in 1 cm dicke Scheiben schneiden. 5 Minuten vor Ende der Kochzeit auf den Spinat legen.
Den Reis auf einer vorgewärmten Servierplatte aufgelockert anrichten und mit Rhabarberstücken oder Zitronenscheiben garnieren. Die Sauce getrennt dazu reichen.
Beilage: ein üppiger grüner Salat

Vegetarische Variante
Die Sauce durch Spinat-Bagari (Seite 92) ersetzen.

◆ Den Reis in einem Sieb unter fließendem Wasser spülen, bis das Wasser klar abläuft. Mit warmem Wasser bedeckt ein bis zwei Stunden einweichen. Die Zwiebel würfeln. Öl erhitzen und die Zwiebel glasig dünsten. Spinat unterrühren, 1 bis 2 Minuten kochen. Nelken, Koriander oder Kümmel, Zimt und ½ TL Pfeffer unterrühren. Mit 180 ml Wasser ablöschen, kräftig salzen und warm stellen. In einem feuerfesten Topf 1½ l Wasser mit 1 EL Salz zum Kochen bringen. Den Reis abgießen, hineingeben und bissfest kochen, dabei gelegentlich umrühren. Erneut durch ein Sieb abgießen, mit warmem Wasser abspülen und gut abgetropft zurück in den Topf geben. Den Ofen auf 200° C vorheizen.

Den Spinatbrei unter den Reis mischen und gründlich vermengen. Zugedeckt zum Kochen bringen, bis Dampf aus dem Topf entweicht und der Reis anfängt zu knistern. Nochmals auflockern und den Topf zugedeckt auf dem Rost in den Ofen schieben. Nach etwa 30 Minuten die Hitze auf 100° C verringern und eine weitere Stunde dämpfen.

Den Reis auf einer vorgewärmten Servierplatte aufgelockert anrichten.

Beilage: Auberginen oder Zucchini in Quark-Creme (Seite 97)

Reis-Spinat
Laidam-e Sabzi

3-4 Stunden Vorbereitungs- und Kochzeit

500 g Langkornreis
1 große Zwiebel
2 EL Pflanzenöl
250 g Rahmspinat
½ TL Gewürznelkenpulver
½ TL gemahlener Kümmel oder Koriander
½ TL gemahlener Zimt

Braun gewürztes Reisgericht (Grundrezept)
Palau

3-4 Stunden Vorbereitungs- und Kochzeit

500 g Langkornreis
1 kg Lammbraten
2 große Zwiebeln
3 EL Pflanzenöl
3 Knoblauchzehen
1 EL Gewürzmischung (Seite 173)

Das braun gewürzte Reisgericht Palau unterscheidet sich vom weiß gekochten Tschalau in der Vorbereitung, den Gewürzmischungen und der Farbe.

◆ Den Reis in einem Sieb unter fließendem Wasser spülen, bis das Wasser klar abläuft. Mit warmem Wasser bedeckt ein bis zwei Stunden einweichen.
Das Fleisch von Sehnen und Fett befreien, in große Stücke schneiden, waschen und trockentupfen. Die Zwiebeln würfeln.
In einem Topf Öl erhitzen und die Zwiebeln glasig dünsten. Das Fleisch zugeben und mehrmals wenden, pfeffern und salzen. Zerdrückten Knoblauch zugeben und das Fleisch wenden, bis sich eine gelbe Kruste bildet. Die Gewürzmischung unterrühren, mit 300 ml warmem Wasser ablöschen und das Fleisch halb gar schmoren. Herausnehmen, die Brühe eventuell mit heißem Wasser verdünnen, so dass sich 180 ml ergeben, kräftig nachsalzen und warm stellen.
In einem feuerfesten Topf 1½ l Wasser mit 1 EL Salz zum Kochen bringen. Den Reis abgießen, hineingeben und bissfest kochen, dabei gelegentlich umrühren. Erneut durch ein Sieb abgießen, mit warmem Wasser abspülen und gut abgetropft zurück in den Topf geben. Den Ofen auf 200° C vorheizen.
Den Reis mit der Brühe übergießen und gründlich vermengen. Zugedeckt zum Kochen bringen, bis Dampf aus dem Topf entweicht und der Reis anfängt zu knistern. Nochmals auflockern, das Fleisch darauf geben und den Topf zugedeckt auf dem Rost in den Ofen schieben. Nach etwa 30 Minuten die Hitze auf 100° C verringern und eine weitere Stunde dämpfen.
Das Fleisch auf einer vorgewärmten Servierplatte anrichten, den Reis aufgelockert dazugeben.
Beilagen: Gemüsesaucen, eingelegtes Gemüse, Salat

Reis mit gekochtem Fleisch
Jakhni Palau

3-4 Stunden Vorbereitungs- und Kochzeit

500 g Langkornreis
1 kg Lammschulter
2 große Zwiebeln
3 Knoblauchzehen
2 EL Speiseöl
1 EL Gewürzmischung (Seite 173)

◆ Den Reis in einem Sieb unter fließendem Wasser spülen, bis das Wasser klar abläuft. Mit warmem Wasser bedeckt ein bis zwei Stunden einweichen.
Das Fleisch von Sehnen und Fett befreien, in mittelgroße Stücke schneiden, waschen und trockentupfen. In ½ l Wasser zum Kochen bringen, dabei den Schaum abschöpfen. Die Zwiebeln fein würfeln. Die Hälfte der Zwiebeln, zerdrückten Knoblauch, Pfeffer und Salz hinzufügen, das Fleisch garen. Herausnehmen, die Brühe durchsieben und eventuell mit heißem Wasser verdünnen, so dass sich 180 ml ergeben, warm stellen.
Öl erhitzen und die restlichen Zwiebeln bräunen. Die Gewürzmischung und 2 TL Salz unterrühren, mit der Brühe ablöschen, warm stellen.
In einem feuerfesten Topf 1½ l Wasser mit 1 EL Salz zum Kochen bringen. Den Reis abgießen, hineingeben und bissfest kochen, dabei gelegentlich umrühren. Erneut durch ein Sieb abgießen, mit warmem Wasser abspülen und gut abgetropft zurück in den Topf geben. Den Ofen auf 200° C vorheizen.
Den Reis mit der Brühe übergießen und gründlich vermengen. Zugedeckt zum Kochen bringen, bis Dampf aus dem Topf entweicht und der Reis anfängt zu knistern. Nochmals auflockern, das Fleisch darauf geben und den Topf zugedeckt auf dem Rost in den Ofen schieben. Nach etwa 30 Minuten die Hitze auf 100° C verringern und eine weitere Stunde dämpfen.
Das Fleisch auf einer vorgewärmten Servierplatte anrichten, den Reis aufgelockert dazugeben.
Beilage: Spinat-Bagari (Seite 92) oder Tomaten-Bagari (Seite 92)

Reis mit Orangenschale
Narendsch Palau

3-4 Stunden Vorbereitungs- und Kochzeit

500 g Langkornreis
3 große ungespritzte Orangen
200 g Zucker
50 g Mandelstifte
50 g blanchierte Pistazien
4 Hähnchenkeulen
Paprikapulver
1 TL zerdrückter Knoblauch
2 große Zwiebeln
2-3 EL Speiseöl
1 EL Gewürzmischung (Seite 173)
200 ml kräftige Fleischbrühe
½ TL Safranfäden
2 EL Speiseöl
2 EL Rosenwasser

◆ Den Reis in einem Sieb unter fließendem Wasser spülen, bis das Wasser klar abläuft. Mit warmem Wasser bedeckt ein bis zwei Stunden einweichen.
Die Orangen vierteln, das Fruchtfleisch herausnehmen und die weiße Schicht der Schale mit einem scharfen Messer entfernen. Die Schale in lange, dünne Streifen schneiden, in reichlich Wasser 2 bis 3 Minuten aufkochen und abtropfen lassen.
In einem Topf Zucker und 200 ml Wasser zum Kochen bringen und entschäumen. Orangenschalenstreifen, Mandelstifte und Pistazien zugeben, alles zu einem Sirup aufkochen. Herausnehmen, abtropfen lassen und in Alufolie einwickeln. Den Sirup zur Seite stellen.
Die Hähnchenkeulen enthäuten und in je zwei Teile zerlegen, waschen und trockentupfen. Mit Paprika und Knoblauch einreiben, mit Pfeffer und 2 TL Salz würzen, 15 Minuten einwirken lassen. Die Zwiebeln würfeln.
In einem Topf Öl erhitzen und die Zwiebeln glasig dünsten. Das Fleisch zugeben und unter Wenden bräunen. Mit der Gewürzmischung abschmecken, mit Brühe ablöschen. Das Fleisch halb gar kochen. Das Fleisch herausnehmen, die Brühe eventuell mit heißem Wasser verdünnen, so dass sich 160 ml ergeben, kräftig nachsalzen und warm stellen.
In einem feuerfesten Topf 1½ l Wasser mit 1 EL Salz zum Kochen bringen. Den Reis abgießen, hineingeben und bissfest kochen, dabei gelegentlich umrühren. Erneut durch ein Sieb abgießen, mit warmem Wasser abspülen und gut abtropfen lassen. Den Ofen auf 200° C vorheizen.
Drei Viertel des Reises zurück in den Topf geben. Mit der Brühe übergießen und gründlich vermengen. Zugedeckt zum Kochen bringen, bis Dampf aus dem Topf entweicht und der Reis anfängt zu knistern. Nochmals auflockern, Fleisch und eingewickelte Zutaten darauf geben und den Topf zugedeckt auf dem Rost in den Ofen schieben. Nach etwa 30 Minuten die Hitze auf 100° C verringern und eine weitere Stunde dämpfen.

Währenddessen den restlichen Reis in einen Topf geben. Safran in einer Prise Zucker zerstoßen, in 2 EL Wasser auflösen. Mit Öl, Rosenwasser und dem Sirup mischen und unter den Reis mengen. Zugedeckt zum Kochen bringen, bis die Flüssigkeit fast vollständig vom Reis aufgesogen ist. Den Reis auflockern und bei schwacher Hitze 30 bis 45 Minuten garen.

Das Fleisch auf einer vorgewärmten Servierplatte anrichten, den Reis aufgelockert dazugeben. Safranreis darüber geben, Orangenschalenstreifen, Mandelstifte und Pistazien darauf verteilen.

Beilage: Reis mit Fleisch und Spinat (Seite 62)

Reis mit Linsen
Dal Tschalau

500 g Langkornreis
4-5 getrocknete Pflaumen
1 Zwiebel
3-4 EL Speiseöl
150 g rote oder gelbe Linsen
1 TL gehackter frischer Koriander
1 TL Currypulver
3 Knoblauchzehen
1 EL Tomatenmark
Paprikapulver

◆ Den Reis laut Grundrezept (Seite 64) zubereiten. Die Pflaumen waschen und abtropfen lassen. Die Zwiebel fein würfeln.

In einem Topf 1 bis 2 EL Öl erhitzen und die Zwiebel glasig andünsten. Mit 1 Tasse Wasser ablöschen. Linsen zugeben, mit Koriander, Curry, Pfeffer und Salz würzen. Pflaumen unterrühren und alles bei schwacher Hitze weich kochen.

Währenddessen in einer Pfanne das restliche Öl erhitzen und den zerdrückten Knoblauch andünsten. Tomatenmark unterrühren, mit Pfeffer und Salz würzig abschmecken. Mit etwas Wasser ablöschen und einige Minuten dünsten.

Den Reis auf einer vorgewärmten Servierplatte aufgelockert anrichten. Die Linsensauce in eine Schüssel geben, mit der Tomatensauce übergießen und mit Paprika bestreuen.

Brauner Reis mit Hähnchen
Morgh Palau

3-4 Stunden
 Vorbereitungszeit

500 g Langkornreis
5 Hähnchenkeulen
2 große Zwiebeln
2-3 EL Pflanzenöl
3 Knoblauchzehen
1 EL Gewürzmischung
 (Seite 173)

◆ Den Reis in einem Sieb unter fließendem Wasser spülen, bis das Wasser klar abläuft. Mit warmem Wasser bedeckt ein bis zwei Stunden einweichen. Die Hähnchenkeulen enthäuten und in je zwei Stücke zerlegen. Die Zwiebeln fein würfeln.
Öl erhitzen und die Zwiebeln glasig dünsten. Das Fleisch mit zerdrücktem Knoblauch zugeben und unter Wenden rundherum bräunen. Mit der Gewürzmischung, Pfeffer und Salz würzen. 200 ml Wasser zugießen und das Fleisch halb gar kochen. Herausnehmen, die Brühe eventuell mit heißem Wasser verdünnen, so dass sich 180 ml ergeben, kräftig nachsalzen und warm stellen.
In einem feuerfesten Topf 1½ l Wasser mit 1 EL Salz zum Kochen bringen. Den Reis abgießen, hineingeben und bissfest kochen, dabei gelegentlich umrühren. Erneut durch ein Sieb abgießen, mit warmem Wasser abspülen und gut abtropfen lassen. Den Ofen auf 200° C vorheizen.
Die Hälfte des Reises zurück in den Topf geben. Das Fleisch darauf legen, mit restlichem Reis bedecken, mit der Brühe übergießen. Zugedeckt zum Kochen bringen, bis Dampf aus dem Topf entweicht und der Reis anfängt zu knistern. Nochmals auflockern und den Topf zugedeckt auf dem Rost in den Ofen schieben. Nach etwa 30 Minuten die Hitze auf 100° C verringern und eine weitere Stunde dämpfen.
Das Fleisch auf einer vorgewärmten Servierplatte anrichten, den Reis aufgelockert dazugeben.
Beilage: Kartoffel-Bagari (Seite 91)

◆ Den Reis in einem Sieb unter fließendem Wasser spülen, bis das Wasser klar abläuft. Mit warmem Wasser bedeckt ein bis zwei Stunden einweichen.
Das Fleisch in mittelgroße Stücke schneiden, waschen und trockentupfen. Die Zwiebel würfeln.
In einem feuerfesten Topf 2 bis 3 EL Öl erhitzen und die Zwiebel glasig dünsten. Das Fleisch zugeben und unter Wenden kräftig anbraten. Mit der Gewürzmischung, Pfeffer und Salz würzen, mit Brühe ablöschen. Bei mittlerer Hitze zugedeckt gar kochen.
Das Fleisch herausnehmen, die Brühe eventuell mit heißem Wasser verdünnen, so dass sich 180 ml ergeben, mit dem in einer Prise Zucker zerstoßenen Safran würzen, kräftig nachsalzen und warm stellen.
Die Linsen waschen und abtropfen lassen. In einem Topf das restliche Öl erhitzen und die Linsen kurz darin wenden. Tomatensaft zugießen und die Linsen bei schwacher Hitze zugedeckt bissfest garen.
In einem feuerfesten Topf 1½ l Wasser mit 1 EL Salz zum Kochen bringen. Den Reis abgießen, hineingeben und bissfest kochen, dabei gelegentlich umrühren. Erneut durch ein Sieb abgießen, mit warmem Wasser abspülen und gut abtropfen lassen. Den Ofen auf 200° C vorheizen.
Die Hälfte des Reises zurück in den Topf geben. Das Fleisch darauf legen, die Linsen darüber geben, mit restlichem Reis bedecken und mit Brühe übergießen. Zugedeckt zum Kochen bringen, bis Dampf aus dem Topf entweicht und der Reis anfängt zu knistern. Den Topf zugedeckt auf dem Rost in den Ofen schieben. Nach etwa 30 Minuten die Hitze auf 100° C verringern und eine weitere Stunde dämpfen.
Den Reis mit den Zutaten auf einer vorgewärmten Servierplatte anrichten.
Beilagen: eingelegtes Gemüse und grüner Salat

Brauner Reis mit Linsen
Dal Palau

3-4 Stunden Vorbereitungs- und Kochzeit

350 g Langkornreis
1 kg Kalbsfilet
1 große Zwiebel
100 ml Speiseöl
1 EL Gewürzmischung (Seite 173)
200 ml Fleischbrühe
⅓ TL Safranfäden
200 g Linsen
150 ml Tomatensaft

Reis mit Fadennudeln
Simin Palau

3-4 Stunden Vorbereitungs- und Kochzeit

500 g Langkornreis
150 g Weizenmehl
1 TL Trockenhefe
1 Ei
2-3 EL Speiseöl
200 g Zucker
1 Prise Safran
5 Kardamomkapseln
1 EL Gewürzmischung (Seite 173)

◆ Den Reis in einem Sieb unter fließendem Wasser spülen, bis das Wasser klar abläuft. Mit warmem Wasser bedeckt ein bis zwei Stunden einweichen. Währenddessen Mehl in eine Schüssel sieben, Hefe, Ei und 1 TL Salz sorgfältig untermischen. Mit etwas warmem Wasser zu einem festen Teig kneten und zugedeckt eine Stunde gehen lassen. Den Teig kräftig kneten und durch die Nudelmaschine zu Fadennudeln drehen. In 3 bis 4 cm lange Stücke schneiden und auf einem eingeölten Blech im Ofen leicht anrösten.
In einem Topf Zucker mit 200 ml Wasser, Safran und Kardamomsamen zu einem Sirup aufkochen. Die Nudeln gut gelockert darin bissfest kochen. Abgießen, warm stellen und den Sirup auffangen.
In einem feuerfesten Topf 1½ l Wasser mit 1 EL Salz zum Kochen bringen. Den Reis abgießen, hineingeben und bissfest kochen, dabei gelegentlich umrühren. Erneut durch ein Sieb abgießen, mit warmem Wasser abspülen und gut abtropfen lassen. Den Ofen auf 200° C vorheizen.
Drei Viertel des Reises zurück in den Topf geben, mit der Gewürzmischung, Pfeffer, Salz und 160 ml warmem Wasser gründlich vermengen. Zugedeckt zum Kochen bringen, bis Dampf aus dem Topf entweicht und der Reis anfängt zu knistern. Nochmals auflockern und den Topf zugedeckt auf dem Rost in den Ofen schieben. Nach etwa 30 Minuten die Hitze auf 100° C verringern und eine weitere Stunde dämpfen.
Währenddessen restlichen Reis und Nudeln in einen Topf geben, mit 120 ml Sirup vermengen. Zugedeckt zum Kochen bringen, gelegentlich auflockern, bis die Flüssigkeit fast vollständig vom Reis aufgesogen ist, und bei schwacher Hitze weitere 30 bis 40 Minuten garen.
Den Reis auf einer vorgewärmten Servierplatte aufgelockert anrichten und mit den Nudeln garnieren.
Beilage: Kartoffel-Bagari (Seite 91)

◆ Den Reis in einem Sieb unter fließendem Wasser spülen, bis das Wasser klar abläuft. Mit warmem Wasser bedeckt ein bis zwei Stunden einweichen. Das Fleisch in große Stücke schneiden, waschen und trockentupfen. Die Zwiebeln würfeln. In einem Topf Öl erhitzen und die Fleischstücke rundherum bräunen. Zwiebeln und zerdrückten Knoblauch zugeben und das Fleisch garen. Mit Pfeffer und 2 TL Salz würzen. Quark unterrühren, mit Koriander und Paprika abschmecken. Mit 200 ml Wasser ablöschen und kurz dünsten. Das Fleisch herausnehmen, die Brühe durchsieben, mit Safran und Salz kräftig nachwürzen. Mit heißem Wasser verdünnen, so dass sich 180 ml ergeben, warm stellen.
In einem feuerfesten Topf 1½ l Wasser mit 1 EL Salz zum Kochen bringen. Den Reis abgießen, hineingeben und bissfest kochen, dabei gelegentlich umrühren. Erneut durch ein Sieb abgießen, mit warmem Wasser abspülen und gut abgetropft zurück in den Topf geben. Den Ofen auf 200° C vorheizen.
Den Reis mit der Brühe übergießen und gründlich vermengen, die Fleischstücke darauf legen. Zugedeckt zum Kochen bringen, bis Dampf aus dem Topf entweicht und der Reis anfängt zu knistern. Nochmals auflockern und den Topf zugedeckt auf dem Rost in den Ofen schieben. Nach etwa 30 Minuten die Hitze auf 100° C verringern und eine weitere Stunde dämpfen.
Das Fleisch auf einer vorgewärmten Servierplatte anrichten, den Reis aufgelockert dazugeben.
Beilage: Auberginen- oder Zucchini-Bagari (Seite 89)

Brauner Reis mit Fleisch und Quark
Bor Palau

3-4 Stunden Vorbereitungs- und Kochzeit

500 g Langkornreis
1 kg Rinderfilet
2 große Zwiebeln
3 EL Speiseöl
3 Knoblauchzehen
100 g Speisequark
2 TL gehackter frischer Koriander
1 TL edelsüßes Paprikapulver
⅓ TL Safran

Reis mit frittierten Auberginen
Badendschan Palau

3-4 Stunden Vorbereitungs- und Kochzeit

500 g Langkornreis
4 kleine Auberginen
3 Knoblauchzehen
1 TL gehackter frischer Koriander
2 EL schwarze Pfefferkörner
1 TL gemahlener Zimt
1 große Zwiebel
3 EL Öl
180 ml Fleischbrühe

◆ Den Reis in einem Sieb unter fließendem Wasser spülen, bis das Wasser klar abläuft. Mit warmem Wasser bedeckt ein bis zwei Stunden einweichen.
Die Auberginen längs so halbieren, dass die Hälften noch mit dem Stielansatz verbunden sind. Die Schnittflächen mit 2 TL Salz bestreuen, 10 bis 15 Minuten einwirken lassen. Trockentupfen, in der Fritteuse 2 bis 3 Minuten frittieren und abtropfen lassen.
Zerdrückten Knoblauch, Koriander, grob gemahlene Pfefferkörner und Zimt vermengen. Die Schnittflächen der Auberginen damit bestreichen, zusammenklappen und mit Holzstäbchen fixieren. Die Zwiebel würfeln. Öl erhitzen und die Zwiebel dünsten. Mit Brühe ablöschen, mit Pfeffer und Salz würzig abschmecken.
In einem feuerfesten Topf 1½ l Wasser mit 1 EL Salz zum Kochen bringen. Den Reis abgießen, hineingeben und bissfest kochen, dabei gelegentlich umrühren. Erneut durch ein Sieb abgießen, mit warmem Wasser abspülen und gut abgetropft zurück in den Topf geben. Den Ofen auf 200° C vorheizen.
Den Reis mit der Brühe übergießen und gründlich vermengen. Zugedeckt zum Kochen bringen, bis Dampf aus dem Topf entweicht und der Reis anfängt zu knistern. Nochmals auflockern, die Auberginen zugeben und den Topf zugedeckt auf dem Rost in den Ofen schieben. Nach etwa 30 Minuten die Hitze auf 100° C verringern und eine weitere Stunde dämpfen.
Zum Servieren etwas Reis auf eine vorgewärmte Platte streuen, die Auberginen darauf legen und mit restlichem Reis bedecken.
Beilage: Kartoffel-Bagari (Seite 91)

◆ Den Reis in einem Sieb unter fließendem Wasser spülen, bis das Wasser klar abläuft. Mit warmem Wasser bedeckt ein bis zwei Stunden einweichen. Das Fleisch von Sehnen und Fett befreien, rippenweise zerlegen und klopfen. Die Zwiebel würfeln. In einem Topf Öl erhitzen und die Rippen braun anbraten. Zwiebel und zerdrückten Knoblauch zugeben, die Rippen weitere 5 Minuten braten. Die Gewürzmischung und 1 TL Salz zugeben, mit 200 ml Wasser ablöschen. Zugedeckt bei mittlerer Hitze 10 bis 15 Minuten ziehen lassen.
Das Fleisch herausnehmen, die Brühe durchsieben, eventuell mit heißem Wasser verdünnen, so dass sich 180 ml ergeben, kräftig nachsalzen und warm stellen.
In einem feuerfesten Topf 1½ l Wasser mit 1 EL Salz zum Kochen bringen. Den Reis abgießen, hineingeben und bissfest kochen, dabei gelegentlich umrühren. Erneut durch ein Sieb abgießen, mit warmem Wasser abspülen und gut abgetropft zurück in den Topf geben. Den Ofen auf 200° C vorheizen.
Den Reis mit der Brühe übergießen und gründlich vermengen. Zugedeckt zum Kochen bringen, bis Dampf aus dem Topf entweicht und der Reis anfängt zu knistern. Nochmals auflockern, die Rippen darauf geben und den Topf zugedeckt auf dem Rost in den Ofen schieben. Nach etwa 30 Minuten die Hitze auf 100° C verringern und eine weitere Stunde dämpfen.
Die Rippen auf einer vorgewärmten Servierplatte anrichten, den Reis aufgelockert dazugeben.
Beilage: Kürbis in Quark-Creme (Seite 98)

Reis mit Lammrippen
Qaborgha Palau

3-4 Stunden Vorbereitungs- und Kochzeit

500 g Langkornreis
1½ kg Lammrippen
1 große Zwiebel
3 EL Pflanzenöl
3 Knoblauchzehen
1 EL Gewürzmischung (Seite 173)
½ TL grob gemahlener Pfeffer

Reis mit Möhren und Rosinen I
Qabeli

3-4 Stunden Vorbereitungs- und Kochzeit

500 g Langkornreis
2-3 dicke Möhren
3 EL Speiseöl
200 g Rosinen
50 g blanchierte Pistazien
50 g Mandelstifte
500 g Lammgulasch
1 große Zwiebel
3 Knoblauchzehen
1 EL Gewürzmischung (Seite 173)

◆ Den Reis in einem Sieb unter fließendem Wasser spülen, bis das Wasser klar abläuft. Mit warmem Wasser bedeckt ein bis zwei Stunden einweichen.
Die Möhren schaben, in ½ cm dicke Scheiben und diese in ½ cm dicke Streifen schneiden. In einer Pfanne etwas Öl erhitzen und die Möhren kurz anschwitzen. Herausnehmen und die Rosinen im Öl aufquellen lassen. Herausnehmen, Pistazien und Mandeln im Öl wenden. Alle Zutaten in Alufolie einwickeln und zur Seite stellen.
Das Fleisch säubern, waschen und trockentupfen. Die Zwiebel würfeln.
Öl erhitzen und die Zwiebel glasig dünsten. Das Fleisch mit zerdrücktem Knoblauch zugeben und wenden, bis sich eine gelbe Kruste bildet. Mit der Gewürzmischung, Pfeffer und Salz abschmecken, mit 200 ml Wasser ablöschen. Zugedeckt 10 Minuten schmoren.
Das Fleisch herausnehmen, die Brühe eventuell mit heißem Wasser verdünnen, so dass sich 180 ml ergeben, kräftig nachsalzen und warm stellen.
In einem feuerfesten Topf 1½ l Wasser mit 1 EL Salz zum Kochen bringen. Den Reis abgießen, hineingeben und bissfest kochen, dabei gelegentlich umrühren. Erneut durch ein Sieb abgießen, mit warmem Wasser abspülen und gut abgetropft zurück in den Topf geben. Den Ofen auf 200° C vorheizen.
Den Reis mit der Brühe übergießen und gründlich vermengen. Zugedeckt zum Kochen bringen, bis Dampf aus dem Topf entweicht und der Reis anfängt zu knistern. Nochmals auflockern, Fleisch und eingewickelte Zutaten darauf geben und den Topf zugedeckt auf dem Rost in den Ofen schieben. Nach etwa 30 Minuten die Hitze auf 100° C verringern und eine weitere Stunde dämpfen.
Das Fleisch auf einer vorgewärmten Servierplatte anrichten, den Reis aufgelockert dazugeben. Möhren, Rosinen, Mandelstifte und Pistazien darauf verteilen.
Beilage: Spinat-Bagari (Seite 92)

Reis mit Möhren und Rosinen II
Qabeli Dampokht

500 g Lammgulasch
3 dicke Möhren
150 g Rosinen
50 g blanchierte Pistazien
1 EL Mandelstifte
2 große Zwiebeln
3 EL Speiseöl
3 Knoblauchzehen
1 EL Gewürzmischung (Seite 173)
500 g Langkornreis
10 Kardamomkapseln

◆ Das Fleisch säubern, waschen und trockentupfen. Die Möhren schaben, in ½ cm dicke Scheiben und diese in ½ cm dicke Streifen schneiden. Rosinen mit Pistazien und Mandeln vermischen. Die Zwiebeln würfeln.
Öl erhitzen und die Zwiebeln glasig dünsten. Das Fleisch mit zerdrücktem Knoblauch zugeben und wenden, bis sich eine gelbe Kruste bildet. Mit der Gewürzmischung, 2 TL grob gemahlenem Pfeffer und 2 TL Salz würzen. Mit 400 ml Wasser ablöschen und zugedeckt 10 bis 15 Minuten schmoren. Den Reis in einem Sieb unter fließendem Wasser spülen, bis das Wasser klar abläuft. Abtropfen lassen und zur Brühe geben. Bei mittlerer Hitze zugedeckt aufkochen, gelegentlich umrühren, bis die Flüssigkeit vom Reis aufgesogen und der Reis körnig ist. Die Rosinenmischung mit den Kardamomsamen untermengen und den Topf zugedeckt auf dem Rost in den Ofen schieben. Bei 100° C etwa eine Stunde garen.
Reis und Fleisch auf einer vorgewärmten Servierplatte anrichten.
Beilage: Kapern-Bagari (Seite 90)

Mungbohnen-Reis mit Aprikosen oder Datteln
Masch Palau

am Vortag beginnen

200 g Mungbohnen
400 g Langkornreis
20 getrocknete Aprikosen
   oder Datteln
Pflanzenöl
½ TL Safranfäden
150 g Butter
1 große Zwiebel
3 Knoblauchzehen
1 EL Gewürzmischung
   (Seite 173)

◆ Die Bohnen in warmem Wasser über Nacht einweichen.
Am nächsten Tag den Reis in einem Sieb unter fließendem Wasser spülen, bis das Wasser klar abläuft. Mit warmem Wasser bedeckt ein bis zwei Stunden einweichen.
Aprikosen oder Datteln waschen und trockentupfen. In einer Pfanne etwas Öl erhitzen, Aprikosen oder Datteln leicht andünsten, zur Seite stellen. Mit in einer Prise Zucker zerstoßenem Safran würzen und in Alufolie einwickeln.
Butter zerlassen, geriebene Zwiebel und zerdrückten Knoblauch bräunen. Die Gewürzmischung, Pfeffer und Salz unterrühren. Mit 180 ml Wasser ablöschen und 1 bis 2 Minuten aufkochen.
In einem feuerfesten Topf 1½ l Wasser mit 1 EL Salz zum Kochen bringen. Den Reis abgießen, hineingeben und bissfest kochen, dabei gelegentlich umrühren. Erneut durch ein Sieb abgießen, mit warmem Wasser abspülen und gut abgetropft zurück in den Topf geben. Den Ofen auf 200° C vorheizen.
Die Bohnen unter den Reis mischen, mit der Brühe übergießen und gründlich vermengen. Die eingewickelten Früchte darauf legen. Den Topf zugedeckt auf dem Rost in den Ofen schieben. Nach etwa 30 Minuten die Hitze auf 100° C verringern und eine weitere Stunde dämpfen.
Den Reis auf einer vorgewärmten Servierplatte aufgelockert anrichten und die Früchte darauf verteilen.
Beilagen: Röstkartoffeln (Seite 97) und eingelegte Kohlrüben (Seite 167)

Brauner Reis mit Fleisch und Sauerkirschen
Jaqut Palau

3-4 Stunden Vorbereitungs- und Kochzeit

500 g Langkornreis
1 kg Lammschulter
500 g Sauerkirschen
1 große Zwiebel
3 EL Speiseöl
1 EL Gewürzmischung (Seite 173)
1 TL Kardamompulver

◆ Den Reis in einem Sieb unter fließendem Wasser spülen, bis das Wasser klar abläuft. Mit warmem Wasser bedeckt ein bis zwei Stunden einweichen.
Das Fleisch von Sehnen und Fett befreien, in mittelgroße Stücke schneiden, waschen und trockentupfen. Die Sauerkirschen entkernen. Die Zwiebel würfeln.
Öl erhitzen und die Zwiebel glasig dünsten. Das Fleisch zugeben und 2 bis 3 Minuten darin wenden. Mit der Gewürzmischung, Kardamom, Pfeffer und Salz abschmecken, mit 300 ml Wasser ablöschen. Das Fleisch gar schmoren.
Herausnehmen, die Brühe durchsieben und eventuell mit heißem Wasser verdünnen, so dass sich 180 ml ergeben, kräftig nachsalzen und warm stellen.
In einem feuerfesten Topf 1½ l Wasser mit 1 EL Salz zum Kochen bringen. Den Reis abgießen, hineingeben und bissfest kochen, dabei gelegentlich umrühren. Erneut durch ein Sieb abgießen, mit warmem Wasser abspülen und gut abgetropft zurück in den Topf geben. Den Ofen auf 200° C vorheizen.
Den Reis mit der Brühe übergießen und gründlich vermengen. Zugedeckt zum Kochen bringen, bis Dampf aus dem Topf entweicht und der Reis anfängt zu knistern. Nochmals auflockern, Fleisch sowie Kirschen untermischen und den Topf zugedeckt auf dem Rost in den Ofen schieben. Nach etwa 30 Minuten die Hitze auf 100° C verringern und eine weitere Stunde dämpfen.
Das Fleisch auf einer vorgewärmten Servierplatte anrichten, den Reis aufgelockert dazugeben.
Beilage: Mohrrüben-Bagari (Seite 91)

Brauner Reis-Spinat
Zamarrod Palau

3-4 Stunden Vorbereitungs- und Kochzeit

500 g Langkornreis
1 kg Putenoberkeule
1 große Zwiebel
1 Bund Dill
3 EL Speiseöl
3 Knoblauchzehen
½ TL Gewürznelkenpulver
½ TL gemahlener Kümmel
250 g Rahmspinat

◆ Den Reis in einem Sieb unter fließendem Wasser spülen, bis das Wasser klar abläuft. Mit warmem Wasser bedeckt ein bis zwei Stunden einweichen.
Das Fleisch von Haut, Sehnen und Fett befreien, in mittelgroße Stücke schneiden, waschen und trockentupfen. Die Zwiebel würfeln, den Dill hacken. Öl erhitzen und die Zwiebel glasig dünsten. Das Fleisch mit zerdrücktem Knoblauch zugeben und unter Wenden rundherum kräftig anbraten. Mit Nelken, Kümmel, Pfeffer und Salz würzen. Spinat und Dill zugeben, etwa 5 Minuten dünsten. Mit 180 ml Wasser ablöschen, kräftig nachsalzen und warm stellen.
In einem feuerfesten Topf 1½ l Wasser mit 1 EL Salz zum Kochen bringen. Den Reis abgießen, hineingeben und bissfest kochen, dabei gelegentlich umrühren. Erneut durch ein Sieb abgießen, mit warmem Wasser abspülen und gut abgetropft zurück in den Topf geben. Den Ofen auf 200° C vorheizen.
Den Reis mit der Fleisch-Spinat-Brühe übergießen und gründlich vermengen. Zugedeckt zum Kochen bringen, bis Dampf aus dem Topf entweicht und der Reis anfängt zu knistern. Nochmals auflockern und den Topf zugedeckt auf dem Rost in den Ofen schieben. Nach etwa 30 Minuten die Hitze auf 100° C verringern und eine weitere Stunde dämpfen.
Das Fleisch auf einer vorgewärmten Servierplatte anrichten, den Reis aufgelockert dazugeben.
Beilage: Auberginen oder Zucchini in Quark-Creme (Seite 97)

Dickreisgerichte

Feines Dickreisgericht (Grundrezept)
Bata

1 große Zwiebel
Butter
2 TL gehackter frischer
 Koriander
1 TL gemahlener Ingwer
½ TL weißer Pfeffer
350 ml Fleischbrühe
250 g Dickreis
3 Knoblauchzehen
⅓ TL Safranfäden

◆ Die Zwiebel würfeln. In einem feuerfesten Topf 150 g Butter zerlassen und die Zwiebel glasig dünsten. Mit Koriander, Ingwer und weißem Pfeffer pikant abschmecken, mit Brühe ablöschen.
Den Reis waschen, abtropfen lassen und in die Brühe geben. Bei mittlerer Hitze zugedeckt kochen, bis die Flüssigkeit fast vollständig vom Reis aufgesogen ist – dabei gelegentlich umrühren, damit er nicht ansetzt. Nochmals auflockern und den Topf auf dem Rost in den Ofen schieben. Bei 150° C zugedeckt 30 bis 40 Minuten garen.
Den Reis auf einer vorgewärmten Servierplatte aufgelockert anrichten. In einer Pfanne 3 EL Butter zerlassen, den zerdrückten Knoblauch andünsten und auf dem Reis verteilen. Safran in einer Prise Zucker zerstoßen, in 2 bis 3 EL Wasser auflösen und über den Reis träufeln.
Beilagen: ein Bagari oder Qorma, eingelegtes Gemüse

Dickreis mit gekochtem Fleisch
Bata-e Goschti

500 g Lammkeule
1 große Zwiebel
250 g Dickreis
2 TL gehackter frischer
 Koriander
½ TL weißer Pfeffer
2-3 EL Speiseöl
3 Knoblauchzehen
1 EL getrocknete
 Minzeblätter

◆ Das Fleisch von Sehnen und Fett befreien, in mittelgroße Stücke schneiden und waschen. In einem feuerfesten Topf mit 700 ml Wasser zum Kochen bringen, dabei den Schaum abschöpfen. Die Zwiebel würfeln und die Hälfte zugeben. Das Fleisch kräftig salzen und unter Wenden halb gar kochen.
Den Reis waschen, abtropfen lassen und unter das Fleisch geben. Mit Koriander, weißem Pfeffer und Salz würzen. Öl erhitzen, restliche Zwiebel und zerdrückten Knoblauch glasig dünsten, zugeben. Bei mittlerer Hitze zugedeckt kochen, bis die Flüssigkeit fast vollständig vom Reis aufgesogen ist, dabei gelegentlich umrühren. Nochmals auflockern und den Topf auf dem Rost in den Ofen schieben. Bei 150° C zugedeckt 30 bis 40 Minuten garen.
Den Reis auf einer vorgewärmten Servierplatte aufgelockert anrichten und mit Minze bestreuen.
Beilage: eingelegte Möhren (Seite 167)

Dickreis mit Fleisch und Kohlrüben
Schalgham Bata

1-2 EL Speiseöl
1 große Zwiebel
250 g Dickreis
2-3 EL Butter
3 Knoblauchzehen
½ TL Kurkuma

Kohlrüben-Bagari
 (Seite 91)

◆ In einem feuerfesten Topf Öl erhitzen und die geriebene Zwiebel glasig andünsten. Mit ½ l Wasser ablöschen, Pfeffer und Salz unterrühren.
Den Reis waschen, abtropfen lassen und zugeben. Bei mittlerer Hitze zugedeckt kochen, bis die Flüssigkeit fast vollständig vom Reis aufgesogen ist, dabei gelegentlich umrühren. Falls nötig, etwas Wasser zugießen. Nochmals auflockern und den Topf auf dem Rost in den Ofen schieben. Bei 150° C zugedeckt 30 bis 40 Minuten garen.
Währenddessen die Kohlrüben-Fleisch-Sauce zubereiten.
Zum Servieren Butter zerlassen, zerdrückten Knoblauch und Kurkuma andünsten, über den Reis träufeln. Den Reis auf einer vorgewärmten Servierplatte aufgelockert anrichten und mit etwas Sauce übergießen. Die restliche Sauce getrennt dazu reichen.

Mungbohnen-Dickreis
Schola

200 g Dickreis
150 g Mungbohnen
1 große Zwiebel
Butter
½ l kräftige Brühe
3 Knoblauchzehen
1 TL gehackter frischer
  Koriander
1 EL getrocknete Dillspitzen
½ TL schwarzes
  Kardamompulver
½ TL Gewürznelkenpulver
⅓ TL Kurkuma

◆ Reis und Bohnen waschen, abtropfen lassen. Die Zwiebel würfeln.
In einem feuerfesten Topf 150 g Butter zerlassen und die Zwiebel glasig dünsten. Mit Brühe ablöschen, mit zerdrücktem Knoblauch, Koriander, Dill, Kardamom, Nelken, Pfeffer und Salz abschmecken.
Reis und Bohnen unter die Brühe geben. Bei mittlerer Hitze zugedeckt kochen, bis die Flüssigkeit fast vollständig vom Reis aufgesogen ist, dabei gelegentlich umrühren. Nochmals auflockern und den Topf auf dem Rost in den Ofen schieben. Bei 150° C zugedeckt 30 bis 40 Minuten garen.
Den Reis auf einer vorgewärmten Servierplatte aufgelockert anrichten. In einer Pfanne 2 bis 3 EL Butter zerlassen, Kurkuma andünsten und über den Reis träufeln.
Beilagen: Gulasch (Seite 58) und Kräutersauce (Seite 138); Portulak-Bagari (Seite 92) und eingelegte Zitronen (Seite 169)

Mungbohnen-Dickreis mit Kalbsgulasch
Schola-e Ghorbandi

200 g Dickreis
150 g Mungbohnen
500 g Kalbsgulasch
10 getrocknete Pflaumen
1 große Zwiebel
½ Bund Dill
2 EL Speiseöl
3 Knoblauchzehen
1 TL gehackter frischer Koriander
⅓ TL gemahlener Ingwer
½ TL Gewürznelkenpulver
⅓ TL Kurkuma
½ TL gemahlener Kümmel
½ l Gemüsebrühe
1 EL Tomatenmark
½ TL edelsüßes Paprikapulver
2 EL halbe Kichererbsen
getrocknete Minzeblätter

◆ Reis und Bohnen waschen, abtropfen lassen. Das Fleisch waschen und trockentupfen. Pflaumen waschen und abtropfen lassen. Die Zwiebel würfeln, den Dill grob hacken.
Öl erhitzen und die Zwiebel glasig dünsten. Das Fleisch mit zerdrücktem Knoblauch zugeben und mehrmals wenden. Mit Koriander, Ingwer, Nelken, Kurkuma und Kümmel würzig abschmecken, pfeffern und salzen, mit Brühe ablöschen. 200 ml der Sauce ohne Fleisch zur Seite stellen.
Tomatenmark, Paprika, Kichererbsen und Pflaumen zum Fleisch geben und köcheln, bis alle Zutaten weich sind. Falls nötig, Wasser zugießen.
In einem feuerfesten Topf die Sauce mit 300 ml Wasser verdünnen, Dill unterrühren, kräftig salzen. Reis und Bohnen zugeben. Bei mittlerer Hitze zugedeckt kochen, bis die Flüssigkeit fast vollständig vom Reis aufgesogen ist, dabei gelegentlich umrühren. Nochmals auflockern und den Topf auf dem Rost in den Ofen schieben. Bei 150° C zugedeckt 30 bis 40 Minuten garen.
Den Reis auf einer vorgewärmten Servierplatte aufgelockert anrichten, in die Mitte eine Vertiefung drücken und etwas Fleisch hineingeben. Den Reis mit Sauce garnieren und mit Minze bestreuen. Das restliche Fleisch mit der Sauce getrennt dazu servieren.
Beilage: Paprikasauce (Seite 138)

◆ In einem feuerfesten Topf Öl erhitzen, geriebene Zwiebel und zerdrückten Knoblauch bräunen. Mit Brühe ablöschen, Curry, Ingwer, Pfeffer und Salz unterrühren. Die Bohnen waschen, abtropfen lassen und zugeben. 3 bis 4 Minuten aufkochen. Den Ofen auf 150° C vorheizen.
Den Reis waschen, abtropfen lassen und zugeben. Bei mittlerer Hitze zugedeckt kochen, bis die Flüssigkeit fast vollständig vom Reis aufgesogen ist, dabei gelegentlich umrühren. Nochmals auflockern und den Topf auf dem Rost in den Ofen schieben. Bei 150° C zugedeckt 30 bis 40 Minuten garen.
Die Quark-Creme zubereiten: Quark mit Knoblauch und etwas Wasser zu einer dickflüssigen Creme verrühren. Mit Zitronensaft und Salz abschmecken.
Den Reis auf einer vorgewärmten Servierplatte anrichten, in die Mitte eine Vertiefung drücken und zu zwei Drittel mit Quark-Creme füllen. In einer Pfanne Butter zerlassen, Kurkuma andünsten und über die Quark-Creme träufeln. Den Reis mit Paprika bestreuen. Die restliche Quark-Creme mit Minze garniert in einer Schüssel servieren.

Mungbohnen-Dickreis mit Quark
Ketschri Qorut

1-2 EL Speiseöl
1 große Zwiebel
3 Knoblauchzehen
½ l Gemüsebrühe
1 TL Currypulver
½ TL gemahlener Ingwer
150 g Mungbohnen
200 g Dickreis
200 g Butter
1 Prise Kurkuma
rotes Paprikapulver
getrocknete Minzeblätter

für die Quark-Creme:
200 g Sahnequark
2 zerdrückte
　Knoblauchzehen
1 EL Zitronensaft

Variante

◆ Das Fleisch mit der Hälfte der geriebenen Zwiebeln und des zerdrückten Knoblauchs, der Gewürzmischung, Pfeffer und 2 TL Salz in einer Schüssel kneten und zu walnussgroßen Bällchen formen.
Öl erhitzen, restliche Zwiebeln und Knoblauch glasig dünsten. Mit Pfeffer und Salz würzen, mit Tomatensaft ablöschen. Fleischbällchen hineingeben und kochen, bis die Flüssigkeit eine sämige Konsistenz annimmt.
Die Bällchen auf den Reis setzen und erst dann mit Paprika bestreuen. Die Sauce getrennt dazu reichen.

Mungbohnen-Dickreis mit Quark und Fleischklößchen
Ketschri Qorut-e Koftadar

500 g Hackfleisch vom Rind
2 große Zwiebeln
5 Knoblauchzehen
1 EL Gewürzmischung
　(Seite 173)
1 EL Speiseöl
200 ml Tomatensaft

Dickreis mit Bockshornsamen
Schola-e Holba

2 EL Butter
3 EL Bockshornsamen
200 g Dickreis
⅓ TL Safran
200 g Zucker

◆ In einem feuerfesten Topf Butter zerlassen und die Bockshornsamen anrösten. Mit ½ l warmem Wasser ablöschen. Den Reis waschen, abtropfen lassen und hinzufügen. Safran und Zucker unterrühren. Bei mittlerer Hitze zugedeckt kochen, bis die Flüssigkeit fast vollständig aufgesogen ist, dabei häufig umrühren. Nochmals auflockern und den Topf auf dem Rost in den Ofen schieben. Bei 150° C zugedeckt etwa 40 Minuten garen. Im abgeschalteten Ofen 15 bis 20 Minuten abkühlen lassen.

Milchreis
Schirberendsch »Degtscha«

200 g Dickreis
400 ml Vollmilch
150 g Butter
150 g Zucker
2 EL Rosenwasser
1 TL Kardamompulver
⅓ TL Safranfäden

◆ Den Reis waschen und in einem feuerfesten Topf mit 200 ml Wasser zum Kochen bringen. Vollmilch zugießen und weiterkochen. Die Butter beifügen, unter häufigem Umrühren mit Zucker abschmecken. Im Ofen bei mittlerer Hitze zugedeckt kochen, bis der Reis weich ist, falls nötig, etwas Milch zugießen.
Mit Rosenwasser und Kardamom würzen. Safran in ½ TL Zucker zerstoßen, in 2 bis 3 EL Wasser auflösen und über den Reis träufeln. Im abgeschalteten Ofen 15 bis 20 Minuten abkühlen lassen.
Warm oder kalt zum Tee servieren.

Safran-Dickreis
Schola-e Schirin »Schola-e Zard«

200 g Dickreis
3 EL Butter
½ TL Safranfäden
200 g Zucker
50 g blanchierte Pistazien
50 g Mandelstifte
1 TL Kardamompulver
2 EL Rosenwasser
1 TL gemahlener Zimt

◆ Den Reis waschen und in einem feuerfesten Topf mit ½ l Wasser zum Kochen bringen. Die Butter unterrühren. Safran in einer Prise Zucker zerstoßen und mit dem restlichen Zucker in 150 ml warmem Wasser auflösen. Über den Reis gießen, Pistazien und Mandeln zugeben, dabei gelegentlich umrühren. Mit Kardamom bestreuen. Den Topf auf dem Rost in den Ofen schieben. Bei 150° C zugedeckt 30 bis 40 Minuten garen. Den Reis mit Rosenwasser beträufeln und im abgeschalteten Ofen 15 bis 20 Minuten abkühlen lassen.
Den Reis auf einer vorgewärmten Servierplatte aufgelockert anrichten und mit Zimt bestreuen. Als Nachspeise mit Tee servieren.

Gemüse

Bagari

Die afghanische Küche lebt von feinen Gewürzen, frischem Gemüse und besonders von raffinierten Gemüsevariationen. Bagari passen zu den Reisgerichten Palau und Tschalau, zum Dickreisgericht Bata sowie allgemein zu Fleisch, Salzkartoffeln und Nudeln. Sie schmecken auch mit Fladenbrot, Baguette, Brötchen und Toastbrot.

Auberginen- oder Zucchini-Bagari
Bagari Badendschan ja Torai

1 kg Auberginen oder Zucchini
2 Paprikaschoten
3 Chilischoten
1 große Zwiebel
1-2 EL Speiseöl
3 Knoblauchzehen
1 TL gehackter frischer Koriander
½ TL gemahlener Zimt
½ TL Gewürznelkenpulver
⅓ TL Kurkuma
150 ml Tomatensaft
4 feste Tomaten

◆ Auberginen grob würfeln oder Zucchini fingerdick schneiden. Die Paprika halbieren und entkernen, das weiße Fruchtfleisch entfernen, die Schoten achteln. Chili waschen, längs halbieren, entkernen und grob würfeln. Die Zwiebel in Ringe schneiden.
In einem Topf Öl erhitzen, Zwiebel und zerdrückten Knoblauch glasig dünsten. Auberginen oder Zucchini, Paprika und Chili zugeben, mehrmals wenden. Mit Koriander, Zimt, Nelken und Kurkuma würzig abschmecken, pfeffern und salzen. Tomatensaft zugießen und kochen, bis die Sauce eindickt.
Die Tomaten kurz in kochendes Wasser tauchen, häuten, vierteln und entkernen. Auf dem Gemüse verteilen und etwa 5 Minuten mitdünsten.

Blumenkohl-Bagari
Bagari Golpi

1 kleiner Blumenkohl
2 Paprikaschoten
3 Chilischoten
1 große Zwiebel
1-2 EL Speiseöl
2 TL Currypulver
½ TL gemahlener Ingwer
150 ml Tomatensaft
2 EL Zitronensaft

◆ Den Blumenkohl von Strunk und Blättern befreien, die Röschen lösen. 10 Minuten in Salzwasser einlegen und abtropfen lassen. Die Paprika halbieren und entkernen, das weiße Fruchtfleisch entfernen, die Schoten in sechs Teile schneiden. Chili waschen, längs halbieren, entkernen und grob würfeln. Die Zwiebel würfeln.
In einem Topf Öl erhitzen und die Zwiebel dünsten. Die Blumenkohlröschen hinzufügen und wenden, bis sie mit Öl überzogen sind. Mit Curry, Ingwer, Pfeffer und Salz würzen. Tomatensaft zugießen und kochen, bis die Sauce eindickt.
Mit Zitronensaft abschmecken.

Eier-Bagari
Bagari Tokhom

8 Eier
Kurkuma
500 g Kartoffeln
Speiseöl
4 Lorbeerblätter
2 EL Tomatenmark
2 Knoblauchzehen
½ TL gehackter frischer
   Koriander
½ TL Gewürznelkenpulver
½ TL gemahlener
   Kreuzkümmel
½ TL gemahlener Zimt
6 Kardamomkapseln

◆ Die Eier hart kochen, pellen, der Länge nach viermal in gleichen Abständen einritzen – oder vierteln – und mit Kurkuma bestreuen. Kartoffeln schälen, in 3 bis 4 cm große Würfel schneiden und ebenfalls mit Kurkuma bestreuen.
In einer Pfanne Öl erhitzen und die Eier kurz rundum anbraten. Herausnehmen und die Kartoffeln im Öl hellbraun rösten, ebenfalls zur Seite stellen. Die Lorbeerblätter kurz im Öl wenden, herausnehmen.
Etwas Öl in die heiße Pfanne geben, Tomatenmark und zerdrückten Knoblauch andünsten. Mit den Gewürzen kräftig abschmecken, pfeffern und salzen. Mit 100 ml Wasser ablöschen, Kartoffeln und Eier hinzufügen. Bei schwacher Hitze 2 bis 3 Minuten köcheln.

Kapern-Bagari
Bagari Kawar

300 g Kapern
1 mittelgroße Zwiebel
4 EL Butter
1 TL zerdrückter Knoblauch
1 TL gehackter frischer
   Koriander
50 ml Tomatensaft
3 Chilischoten

◆ Die Kapern verlesen und in Salzwasser weich kochen. Abgießen und gründlich mit warmem Wasser spülen, damit sie ihren bitteren Geschmack verlieren. Die Zwiebel in Ringe schneiden.
In einem Topf Butter zerlassen und die Zwiebelringe glasig dünsten. Die Kapern zugeben und 1 bis 2 Minuten darin wenden. Mit Knoblauch, Koriander, Pfeffer und Salz würzig abschmecken, mit Tomatensaft ablöschen. Chili waschen, längs halbieren, entkernen und grob würfeln. Zugeben und alles bei schwacher Hitze etwa 10 Minuten leicht köcheln.

Kartoffel-Bagari
Bagari Katschalu

1 kg walnussgroße Kartoffeln
1 große Zwiebel
1-2 EL Speiseöl
1 TL zerdrückter Knoblauch
1 EL Tomatenmark
1 TL Currypulver
1 TL gehackter frischer
   Koriander
5 Fleischtomaten

◆ Die Kartoffeln schälen. Die Zwiebel würfeln. In einem Topf Öl erhitzen und die Zwiebel dünsten. Die Kartoffeln mit Knoblauch und Tomatenmark zugeben, mehrmals wenden. Curry und Koriander unterrühren, pfeffern und salzen. Mit 100 ml Wasser ablöschen und bei schwacher Hitze weiterköcheln. Die Tomaten kurz in kochendes Wasser tauchen, häuten, vierteln und entkernen. Auf den Kartoffeln verteilen, mit Pfeffer und Salz abschmecken. Etwa 5 Minuten anschwitzen.

Kohlrüben-Bagari
Bagari Schalgham

500 g Kohlrüben
1 große Zwiebel
150 g Butter
1 EL Gewürzmischung
   (Seite 173)
⅓ TL Safran
½ TL gemahlener Ingwer

◆ Die Rüben schälen und vierteln. Die Zwiebel würfeln.
Butter zerlassen und die Zwiebel bräunen. Rüben zugeben und mehrmals wenden. Mit den Gewürzen abschmecken, pfeffern und salzen, mit 150 ml warmem Wasser ablöschen. Schmoren, bis die Rüben weich sind und die Sauce eindickt. Zuletzt ein paar Rübenstücke mit dem Kochlöffel in der Sauce pürieren.

Mohrrüben-Bagari
Bagari Zardak

1 kg junge Möhren
1 EL halbe Kichererbsen
15 getrocknete Pflaumen
1 große Zwiebel
1-2 EL Olivenöl
2 TL gehackter frischer
   Koriander
4-5 Kardamomkapseln
Zucker
Zitronensaft

◆ Die Möhren schaben und fingerdick würfeln. Kichererbsen und Pflaumen waschen, abtropfen lassen. Die Zwiebel würfeln.
Öl erhitzen und die Zwiebel dünsten. Möhren zugeben und 2 bis 3 Minuten anschwitzen. Mit Koriander, Pfeffer und ½ TL Salz würzig abschmecken. Mit 1 Tasse Wasser ablöschen. Kichererbsen, Pflaumen und Kardamomsamen zugeben. Bei schwacher Hitze kochen, bis die Sauce eindickt.
Mit Zucker und Zitronensaft abschmecken, zuletzt ein paar Möhrenstücke in der Sauce pürieren.

Portulak-Bagari
Bagari Khorfa

2 kg Portulak
200 g Mungbohnen
1 große Zwiebel
150 g Butter
1 TL gehackter frischer
  Koriander
1 TL Currypulver

◆ Die Portulakblätter verlesen, waschen und abtropfen lassen. Die Bohnen waschen. Die Zwiebel würfeln.
In einem Topf Butter zerlassen und die Zwiebel andünsten. Die Portulakblätter zugeben und zugedeckt kochen, bis sie zusammenfallen, dabei gelegentlich umrühren. Die Bohnen hinzufügen. Mit Koriander, Curry, Pfeffer und Salz würzen. Im offenen Topf dünsten, bis die Bohnen weich sind und die Flüssigkeit fast vollständig verdunstet ist.

Spinat-Bagari
Bagari Sabzi

1½ kg Blattspinat
1 Bund Lauchzwiebeln
1 Bund Koriander
1 Zwiebel
1-2 EL Speiseöl
2 EL getrocknete Dillspitzen
2 TL Bockshornsamen
2 große Rhabarberstangen
1 ungespritzte Zitrone

◆ Den Spinat verlesen, grob hacken, waschen und abtropfen lassen. Lauchzwiebeln abziehen und mit dem Grün in Ringe schneiden. Den Koriander grob hacken, die Zwiebel würfeln.
Öl erhitzen und die Zwiebel glasig anrösten. Gemüse und Kräuter zugeben und dünsten, mit Pfeffer und Salz würzen. Kochen, bis die Sauce eine sämige Konsistenz annimmt.
Währenddessen den Rhabarber in 5 cm lange Stücke oder die Zitrone in 1 cm dicke Scheiben schneiden. Den Rhabarber in Salzwasser aufkochen, abtropfen lassen. Rhabarber oder Zitrone 4 Minuten vor Ende der Kochzeit auf den Spinat legen.
Den Spinat in eine Schüssel geben, mit Rhabarberstücken oder Zitronenscheiben garnieren.

Tomaten-Bagari
Bagari Badendschan-e Rumi

1 kg Fleischtomaten
2 grüne Paprikaschoten
1 große Zwiebel
2 Knoblauchzehen
150 g Butter
2 TL gehackter frischer
  Koriander
1 TL Currypulver

◆ Die Tomaten kurz in kochendes Wasser tauchen, häuten, vierteln und entkernen. Die Paprika halbieren und entkernen, das weiße Fruchtfleisch entfernen, die Schoten achteln. Die Zwiebel würfeln, den Knoblauch hacken.
Butter zerlassen, Zwiebel und Knoblauch dünsten. Mit Koriander, Curry, Pfeffer und Salz würzen. Tomaten und Paprika zugeben und bei schwacher Hitze köcheln, bis die Sauce eindickt.

Zwiebelklößchen-Bagari
Bagari Piaz

1 kg Zwiebeln
1 Bund Koriander
1 Bund Dill
Butter
3 EL Weißmehl
2 Eier
3 Knoblauchzehen
2 EL Tomatenmark

◆ Die Zwiebeln würfeln, Koriander und Dill fein hacken. Mit 2 EL Butter, Mehl, Eiern, Pfeffer und Salz in einer großen Schüssel kneten und fingerdicke Klößchen formen. In einer Pfanne Butter zerlassen und die Klößchen von beiden Seiten goldgelb anbraten.
Den Knoblauch hacken. In einer zweiten Pfanne 3 bis 4 EL Butter zerlassen und den Knoblauch andünsten. Tomatenmark unterrühren und kurz dünsten. Mit 150 ml Wasser ablöschen. Die Zwiebelklößchen hineingeben und bei schwacher Hitze kochen, bis die Sauce eindickt.
Beilagen: Vollkornbaguette und eingelegte Pfirsiche (Seite 168)

Gefüllte Auberginen
Dolma-e Badendschan

100 g Schalotten
2-3 Tomaten
1 Paprikaschote
1 Bund Koriander
Olivenöl
4 mittelgroße Auberginen
Rosenpaprika
3 Knoblauchzehen
200 ml Gemüsebrühe
2 EL Tomatenmark
1 TL Currypulver

◆ Schalotten fein würfeln, Tomaten klein schneiden. Die Paprika halbieren und entkernen, das weiße Fruchtfleisch entfernen, die Schote fein würfeln. Koriander hacken. Alles vermengen, mit Öl, grob gemahlenem Pfeffer und Salz würzig abschmecken, zur Seite stellen.
Die Auberginen längs so halbieren, dass die Hälften noch mit dem Stielansatz verbunden sind. Das Fruchtfleisch bis auf einen ½ cm dünnen Rand herausheben.
In einer Pfanne 3 bis 4 EL Öl erhitzen, ausgeschabtes Fruchtfleisch und Gemüse unter Wenden 2 bis 3 Minuten dünsten. Die Masse in die ausgehöhlten Auberginen füllen, mit Öl beträufeln und mit Rosenpaprika würzen. Die Auberginen zusammenklappen und mit Holzstäbchen fixieren.
Den Knoblauch hacken. In einer feuerfesten Form Brühe, Knoblauch und Tomatenmark verrühren, mit Curry, Pfeffer und Salz abschmecken. Die Auberginen hineinlegen und im auf 150° C vorgeheizten Ofen auf mittlerer Schiene 8 bis 10 Minuten backen.
In der Form servieren.
Beilage: Baguette oder Reis

Gefüllte Kartoffeln
Dolma-e Katschalu

4 große Kartoffeln
50 g Dickreis
2 große Zwiebeln
Speiseöl
2 EL Rosinen
2 TL gehackter frischer
    Koriander
½ TL Gewürznelkenpulver
½ TL gemahlener Kümmel
½ TL gemahlener Zimt
3 Knoblauchzehen
200 ml Tomatensaft
2 EL frische Korianderblätter

◆ Die Kartoffeln schälen und von jeder einen Deckel abschneiden. Die Kartoffeln aushöhlen, von innen salzen, das Innere aufbewahren. Den Reis in Salzwasser körnig aufkochen und durchsieben. Die Zwiebeln würfeln.
1 EL Öl erhitzen und die Hälfte der Zwiebeln dünsten. Das Kartoffelinnere und die Rosinen zugeben und wenden. Mit Reis vermengen, mit Koriander, Nelken, Kümmel, Zimt, Pfeffer und Salz würzen. Die Masse in die ausgehöhlten Kartoffeln füllen, die Deckel wieder darauf setzen.
In einer feuerfesten Form restliche Zwiebeln und zerdrückten Knoblauch erhitzen, mit Tomatensaft ablöschen. Die Kartoffeln hineinsetzen und mit Korianderblättern garnieren. Im Ofen auf mittlerer Schiene bei 200° C zugedeckt 15 bis 20 Minuten garen.
Die Kartoffeln in eine Schüssel setzen und mit Sud übergießen.
Beilage: Reis oder frische Brötchen

Gefüllte Quitten
Dolma-e Behi

4 Quitten
1 Zwiebel
3 EL Speiseöl
200 g Hackfleisch
1 TL gehackter frischer
    Koriander
½ TL Gewürznelkenpulver
½ TL gemahlener Kümmel
50 g Langkornreis
200 ml Brühe

◆ Die Quitten waschen, von jeder einen Deckel abschneiden, bis auf einen dünnen Rand aushöhlen, das Fruchtfleisch aufbewahren. Die Zwiebel würfeln.
Öl erhitzen und die Zwiebel glasig dünsten. Hackfleisch und Fruchtfleisch zugeben und kurz wenden. Mit Koriander, Nelken, Kümmel, Pfeffer und Salz würzen.
Reis in Salzwasser körnig kochen, durchsieben und mit Hackfleisch vermengen. Die Masse in die ausgehöhlten Quitten füllen, die Deckel wieder darauf setzen.
Die Brühe in eine feuerfeste Form gießen, die Quitten hineinsetzen. Im auf 200° C vorgeheizten Ofen 15 bis 20 Minuten garen.
In der Form servieren.
Beilage: Reis oder frisches Fladenbrot

◆ Die rohen Kartoffeln schälen, fein hobeln und auspressen, die Pellkartoffeln stampfen. Mit Ei, Grieß, Buttermilch, Pfeffer und Salz kneten. Möhren schaben und in große Würfel schneiden. Den weißen Teil des Porrees gründlich waschen, in 4 bis 5 cm lange Ringe schneiden und halbieren. Die Zwiebel würfeln. Fleisch mit Zwiebel, zerdrücktem Knoblauch, Nelken, Koriander, Zimt, Kardamom, grob gemahlenem Pfeffer und Salz zu einer Fleischpaste kneten.
Den Kartoffelteig zu sechs bis sieben Klößen formen. Jeweils mit 2 EL Fleischpaste füllen und erneut formen.
In einer Pfanne reichlich Öl erhitzen und die Klöße rundum goldbraun braten. Warm stellen.
In der Pfanne Butter zerlassen und die Möhren 2 bis 3 Minuten darin wenden. Den Porree zugeben und kurz mitwenden. Mit Brühe ablöschen, Tomatenmark unterrühren und etwa 5 Minuten dünsten.
Die Kartoffelklöße auf einer Servierplatte mit Gemüse umlegen und mit Sud übergießen. Das eingelegte Gemüse dazu reichen.

Gefüllte Kartoffelklöße mit Möhren und Lauch
Dolma-e Katschalu-e Kubida Schoda

6 große Kartoffeln
4 Pellkartoffeln
1 Ei
1 EL Grieß
2 EL Buttermilch
4 große Möhren
300 g Porree
1 große Zwiebel
200 g Hackfleisch vom Rind
3 Knoblauchzehen
1 TL Gewürznelkenpulver
1 TL gehackter frischer
 Koriander
½ TL gemahlener Zimt
1 TL schwarzes
 Kardamompulver
Speiseöl
3 EL Butter
100 ml Fleischbrühe
1 EL Tomatenmark

Gefüllte Zwiebeln
Dolma-e Piaz

6 große Zwiebeln
50 g Langkornreis
200 g Hackfleisch
3 Knoblauchzehen
1 TL gehackter frischer
  Koriander
1 TL schwarzes
  Kardamompulver
½ TL gemahlener Zimt
edelsüßes Paprikapulver
200 ml Fleischbrühe
1 EL Tomatenmark
1 TL Currypulver
Butter
weißer Pfeffer

◆ Die Wurzelansätze der Zwiebeln mit einem scharfen Messer entfernen, von jeder einen Deckel abschneiden. Bis auf einen dünnen Rand aushöhlen und von innen salzen, das Fruchtfleisch würfeln.
Reis in Salzwasser körnig kochen, durchsieben. Mit Hackfleisch, Fruchtfleisch und zerdrücktem Knoblauch in eine tiefe Pfanne geben und wenden, bis der Fleischsaft fast verkocht ist. Mit Koriander, Kardamom, Zimt, Paprika und Salz würzen. Die Masse in die ausgehöhlten Zwiebeln füllen.
In einer feuerfesten Form Brühe und Tomatenmark verrühren, mit Curry und Salz abschmecken. Die Zwiebeln hineinsetzen, Butterflöckchen darauf geben und mit weißem Pfeffer bestreuen. Im auf 150° C vorgeheizten Ofen auf mittlerer Schiene 10 bis 15 Minuten garen.
In der Form servieren.
Beilage: Kräuter-Kartoffeln

Frittierte Zwiebeln
Pakaura-e Piaz

3 große Zwiebeln
150 g Kichererbsenmehl
30 g Weizenmehl
½ TL Currypulver
150 g Joghurt
Öl zum Frittieren

◆ Die Zwiebeln in ½ cm dicke Ringe schneiden und mit Salz bestreuen. 5 bis 10 Minuten ruhen lassen und mit Küchenpapier abtupfen.
Weizenmehl, Kichererbsenmehl, Curry, Pfeffer und Salz mit Joghurt zu einem cremigen Brei verrühren, 10 bis 15 Minuten ruhen lassen.
In einer tiefen Pfanne reichlich Öl erhitzen. Die Zwiebelringe einzeln in den Mehlbrei tauchen und im heißen Öl schwimmend goldgelb frittieren. Mit einem Schaumlöffel herausnehmen und auf Küchenpapier abtropfen lassen.
Warm als Vorspeise servieren.
Beilage: Tomatensauce (Seite 139)

Auberginen oder Zucchini in Quark-Creme
Borani Badendschan ja Torai

1 kg Auberginen oder Zucchini
4-5 Fleischtomaten
1 grüne Paprikaschote
4 Chilischoten
4 Zwiebeln
4 EL Speiseöl
3 TL zerdrückter Knoblauch
150 ml Tomatensaft
frische Korianderblätter
200 g Sahnequark
rotes Paprikapulver

◆ Geschälte Auberginen oder Zucchini in 1 bis 2 cm dicke Scheiben schneiden. Beide Seiten mit Salz bestreuen, nach 10 bis 15 Minuten abwischen. Tomaten in dicke Scheiben schneiden. Die Paprika halbieren und entkernen, das weiße Fruchtfleisch entfernen, die Schote achteln. Chili waschen, längs halbieren und entkernen. Zwei Zwiebeln in Ringe schneiden, zwei würfeln.
In einer Pfanne löffelweise Öl erhitzen und Auberginen oder Zucchini kurz von beiden Seiten goldgelb braten. Auf Küchenpapier abtropfen lassen.
In der Pfanne Öl erhitzen, Zwiebelwürfel und die Hälfte des Knoblauchs andünsten. Mit Tomatensaft ablöschen, pfeffern und salzen.
In einer tiefen Pfanne schichtweise Auberginen- oder Zucchinischeiben, Tomaten, Paprika, Zwiebelringe und Chili hineingeben. Mit Tomatensauce übergießen, mit Korianderblättern bestreuen, pfeffern und salzen. Zugedeckt 5 bis 10 Minuten garen.
Quark mit restlichem Knoblauch und etwas Wasser zu einer dickflüssigen Creme verrühren. Mit Salz abschmecken.
Zwei Drittel der Quark-Creme auf eine Gemüseplatte streichen, Auberginen oder Zucchini mit allen Zutaten darauf anrichten. Mit restlicher Quark-Creme garnieren und mit Fond übergießen. Mit Paprika bestreuen.
Beilagen: Reis oder frisches Baguette, Salat

Röstkartoffeln
Katschalu-e Berian

500 g walnussgroße Kartoffeln
2 EL Speiseöl
2 Knoblauchzehen
1 EL Tomatenmark
⅓ TL Kurkuma
2 TL gehackter frischer Koriander
½ TL gemahlener Zimt
getrocknete Minzeblätter

◆ Die Kartoffeln schälen. In einem Topf Öl erhitzen und die Kartoffeln unter Wenden rösten. Zerdrückten Knoblauch, Tomatenmark und Kurkuma zugeben, mehrmals wenden. Mit Koriander, Zimt, Pfeffer und Salz würzen, mit 2 bis 3 EL Wasser ablöschen. Bei schwacher Hitze zugedeckt einige Minuten dünsten.
Mit Minze garniert servieren.

Bratkartoffeln in Quark-Creme
Borani Katschalu

1 kg Kartoffeln
Öl
200 g Sahnequark
2 TL zerdrückter Knoblauch
1 EL Zitronensaft
Milch
2 EL Butter
1 EL Tomatenmark
rotes Paprikapulver
getrocknete Minzeblätter

◆ Die Kartoffeln schälen und in Salzwasser halb gar kochen. Abkühlen lassen und in etwa 1 cm dicke Scheiben schneiden. In einer Pfanne Öl erhitzen und die Scheiben anbraten.
Quark mit der Hälfte des Knoblauchs und etwas Milch zu einer dickflüssigen Creme verrühren. Mit Zitronensaft, Pfeffer und Salz abschmecken.
In der Pfanne Butter zerlassen, Tomatenmark und restlichen Knoblauch andünsten. Mit etwas Wasser ablöschen, mit Pfeffer und Salz abschmecken.
Die Hälfte der Quark-Creme auf eine Gemüseplatte streichen, Bratkartoffeln darauf anrichten. Mit restlicher Quark-Creme garnieren, mit Tomatensauce übergießen, mit Paprika und Minze bestreuen. Heiß servieren.
Beilage: Reis oder frisches Brötchen

Kürbis in Quark-Creme
Borani Kadu

800 g Kürbis
Pflanzenöl
4 zerdrückte
  Knoblauchzehen
200 g Sahnequark
1 EL Zitronensaft
Milch
rotes Paprikapulver
getrocknete Minzeblätter

◆ Das Kürbisfruchtfleisch in fingerdicke und mittelgroße Stücke schneiden. In einer Pfanne löffelweise Öl erhitzen und die Kürbisstücke von beiden Seiten kurz goldgelb braten. Auf Küchenpapier abtropfen lassen und in einen Topf geben. Die Hälfte des Knoblauchs mit 2 EL Wasser verrühren, pfeffern und salzen, über die Kürbisstücke geben. Bei schwacher Hitze zugedeckt etwa 5 Minuten dünsten.
Quark mit dem restlichen Knoblauch und etwas Milch zu einer dickflüssigen Creme verrühren. Mit Zitronensaft, Pfeffer und Salz abschmecken.
Zwei Drittel der Quark-Creme auf eine Gemüseplatte streichen, Kürbisstücke darauf anrichten. Mit restlicher Quark-Creme garnieren, mit dem Sud übergießen, mit Paprika und Minze bestreuen. Heiß servieren.
Beilage: Reis, frisches Fladenbrot oder Toastbrot

◆ Champignons putzen, je nach Größe halbieren oder in dicke Scheiben schneiden. Die Zwiebel in Ringe schneiden.
Butter zerlassen und die Zwiebelringe hellbraun anschwitzen. Champignons zugeben und etwa 4 Minuten darin wenden. Mit der Hälfte des Knoblauchs, Koriander, Kurkuma und Ingwer würzig abschmecken, pfeffern und salzen. Die Tomaten kurz in kochendes Wasser tauchen, häuten, vierteln und entkernen. Auf den Champignons verteilen, die Flüssigkeit zu zwei Drittel verkochen.
Quark mit dem restlichen Knoblauch und etwas Wasser zu einer dickflüssigen Creme verrühren. Mit Salz abschmecken.
Die Hälfte der Quark-Creme auf eine Gemüseplatte streichen, Champignons darauf anrichten. Mit restlicher Quark-Creme garnieren, mit Sud übergießen, mit Paprika und Minze bestreuen. Heiß servieren.
Beilagen: Reis, Salzkartoffeln oder Fladenbrot; Walnusssauce (Seite 140)

Pilze in Quark-Creme
Borani Samaroq

500 g Champignons
1 große Zwiebel
100 g Butter
4 zerdrückte Knoblauchzehen
1 TL gehackter frischer Koriander
⅓ TL Kurkuma
½ TL gemahlener Ingwer
3 Fleischtomaten
200 g Sahnequark
rotes Paprikapulver
getrocknete Minzeblätter

◆ In einer Pfanne Öl, Koriander, Minze und Chili zu einer Marinade verrühren. Mit Curry, Pfeffer und Salz würzen, bei mittlerer Hitze 2 bis 3 Minuten dünsten und zur Seite stellen.
Kartoffeln schälen, in Salzwasser halb weich kochen und in ½ cm dicke Scheiben schneiden. Zwiebeln längs vierteln. Die Paprika längs vierteln und entkernen, das weiße Fruchtfleisch entfernen. Tomaten halbieren und entkernen, Champignons putzen. Jedes Gemüse einzeln auf Schaschlikspieße stecken. Die Zitrone waschen und in Scheiben schneiden.
Holzkohle in einem Grill zum Glühen bringen. Alle Spieße mit Kräutermarinade bestreichen. Zuerst Kartoffeln, nach 2 Minuten die Zwiebeln und nach weiteren 2 Minuten Champignons auf den Grill legen. Paprika und Tomaten in den letzten 4 Minuten grillen.
Gemüse ohne Spieße auf einer Servierplatte anrichten, mit Zitronenscheiben servieren.

Gemüse vom Grill
Kabab-e Terkari

3-4 EL Olivenöl
2 EL gehackter frischer Koriander
1 EL gehackte frische Minzeblätter
1 Prise Chilipulver
⅓ TL Currypulver
5 mittelgroße Kartoffeln
5 mittelgroße Zwiebeln
1 rote und 1 grüne Paprikaschote
5 kleine feste Tomaten
10-12 mittelgroße Champignons
1 Zitrone

Frittierte Blumenkohlröschen, Kartoffeln, Paprikaschoten
Pakaura-e Golpi, Katschalu, Mortsch

1 kleiner Blumenkohl
3 große Salzkartoffeln
2 Paprikaschoten
30 g Weizenmehl
150 g Kichererbsenmehl
½ TL Currypulver
150 g Joghurt
Speiseöl zum Frittieren

◆ Den Blumenkohl von Strunk und Blättern befreien, walnussgroße Röschen lösen. In einem Topf in ½ l Wasser blanchieren und abtropfen lassen. Die Salzkartoffeln in ½ cm dicke Scheiben schneiden. Die Paprika halbieren und entkernen, das weiße Fruchtfleisch entfernen, die Schoten achteln. Weizenmehl, Kichererbsenmehl, Curry, Pfeffer, Salz mit Joghurt zu einem cremigen Brei verrühren, 10 bis 15 Minuten ruhen lassen.
In einer tiefen Pfanne reichlich Öl erhitzen. Blumenkohl, Kartoffel oder Paprika einzeln in den Mehlbrei tauchen und im heißen Öl schwimmend goldgelb frittieren. Mit einem Schaumlöffel herausnehmen und auf Küchenpapier abtropfen lassen. Mit Salz bestreuen und knusprig als Vorspeise servieren.
Beilage: Quark-Dip (Seite 139)

Frittierte Champignons
Pakaura-e Samaroq

500 g Champignons
30 g Weizenmehl
150 g Kichererbsenmehl
½ TL Currypulver
150 g Joghurt
Speisöl zum Frittieren

◆ Die Champignons putzen. Weizenmehl, Kichererbsenmehl, Curry, Pfeffer und Salz mit Joghurt zu einem cremigen Brei verrühren, 10 bis 15 Minuten ruhen lassen.
In einer Pfanne reichlich Öl erhitzen. Champignons einzeln in den Mehlbrei tauchen und im heißen Öl schwimmend goldgelb frittieren. Mit einem Schaumlöffel herausnehmen und auf Küchenpapier abtropfen lassen. Eventuell nachsalzen und knusprig als Vorspeise servieren.
Beilage: Koriandersauce (Seite 138)

Fleisch

Qorma

Qorma, die würzigen Fleisch-Gemüse-Saucen, bestehen aus Fleisch bzw. Geflügel mit Gemüse, Früchten, Kräutern und Gewürzen. Sie begleiten die Reisgerichte Tschalau oder Palau und das Dickreisgericht Bata, werden aber auch mit Nudeln, Knödeln, Pellkartoffeln, Kartoffelpüree, frischem Fladenbrot, Baguette, Brötchen und Toastbrot serviert.

Blumenkohl-Qorma
Qorma-e Golpi

1 mittelgroßer Blumenkohl
500 g Putenoberkeule
1 Zwiebel
2 EL Öl
2 Knoblauchzehen
2 TL Currypulver
½ TL gemahlener Ingwer
1 EL Zitronensaft
5 Tomaten

◆ Den Blumenkohl von Strunk und Blättern befreien, die Röschen lösen. 10 Minuten in Salzwasser einlegen und abtropfen lassen. Das Fleisch von Haut und Sehnen befreien und in mittelgroße Stücke schneiden. Die Zwiebel würfeln.
Öl erhitzen und die Zwiebel glasig dünsten. Das Fleisch mit zerdrücktem Knoblauch zugeben und unter Wenden anbraten. Den Blumenkohl beifügen, mit Curry, Ingwer, Zitronensaft, Pfeffer und Salz würzen. 200 ml Wasser zugießen und kochen, bis das Gemüse weich ist und die Sauce eindickt.
Die Tomaten kurz in kochendes Wasser tauchen, häuten, vierteln und entkernen. Auf dem Blumenkohl verteilen und zugedeckt 5 Minuten mitgaren.

Brechbohnen-, Bohnen- oder Erbsen-Qorma
Qorma-e Faselia, Lubia, Matar

500 g Brechbohnen oder
  300 g rote oder gelbe
  Bohnen oder 300 g Erbsen
  aus der Dose
300 g Kalbfleisch
1 Zwiebel
2 EL Pflanzenöl
3 Knoblauchzehen
1 TL gemahlener Ingwer
1 TL schwarzes
  Kardamompulver
2 TL gehackter frischer
  Koriander
⅓ TL Kurkuma
1 EL Tomatenmark
5 Tomaten

◆ Brechbohnen durchbrechen, abfädeln und waschen beziehungsweise rote oder gelbe Bohnen über Nacht in Wasser einweichen. Das Fleisch von Sehnen und Fett befreien, in große Stücke schneiden, waschen und trockentupfen. Die Zwiebel würfeln.
Öl erhitzen und die Zwiebel glasig andünsten. Das Fleisch mit zerdrücktem Knoblauch zugeben und unter Wenden rundherum bräunen. Mit Ingwer, Kardamom, Koriander und Kurkuma pikant abschmecken, pfeffern und salzen. Mit 200 ml Wasser ablöschen. Bohnen oder Erbsen beifügen, Tomatenmark unterrühren und zugedeckt kochen, bis die Zutaten weich sind und die Sauce eindickt.
Die Tomaten kurz in kochendes Wasser tauchen, häuten, halbieren und entkernen. Auf den Bohnen oder Erbsen verteilen und zugedeckt 5 Minuten mitgaren.

Aprikosen-Qorma
Qorma-e Keschta

500 g Kalbfleisch
1 Zwiebel
4-5 EL Speiseöl
1 TL gehackter frischer Koriander
⅓ TL Safran
400 g getrocknete Aprikosen

◆ Das Fleisch von Sehnen und Fett befreien, in mittelgroße Stücke schneiden, waschen und trockentupfen. Die Zwiebel würfeln.
2 EL Öl erhitzen und die Zwiebel glasig dünsten. Das Fleisch zugeben und unter Wenden anbraten, leicht salzen. Mit Koriander, Safran, Pfeffer und Salz abschmecken, mehrmals wenden. Mit 200 ml Wasser ablöschen und das Fleisch schmoren.
Währenddessen die Aprikosen waschen und trockentupfen. In einer Pfanne das restliche Öl erhitzen und die Aprikosen andünsten. Zum Fleisch geben und kochen, bis alle Zutaten weich sind und die Sauce eindickt.

Kartoffel-Qorma
Qorma-e Katschalu

500 g Kartoffeln
500 g Kalbsgulasch
2 rote Paprikaschoten
1 große Zwiebel
2 EL Speiseöl
1 TL Currypulver
2 EL Tomatenmark

◆ Das Fleisch waschen und trockentupfen. Die Kartoffeln schälen und in mittelgroße Stücke würfeln. Die Paprika vierteln und entkernen, das weiße Fruchtfleisch entfernen. Die Zwiebel würfeln.
Öl erhitzen und die Zwiebel glasig dünsten. Das Fleisch zugeben und goldbraun anbraten. Die Kartoffeln beifügen. Curry und Tomatenmark unterrühren, pfeffern und salzen. Mit 200 ml Wasser ablöschen. Bei mittlerer Hitze kochen, bis das Fleisch weich ist und die Sauce eindickt.
Paprika beigeben und zugedeckt 5 Minuten mitgaren.

Pilz-Qorma
Qorma-e Samaroq

300 g Lammfleisch (Keule)
250 g Champignons
1 große Zwiebel
150 g Butter
⅓ TL Kurkuma
1 TL gemahlener Ingwer
1 EL Gewürzmischung (Seite 173)
Pfeffer, Salz

◆ Das Fleisch von Sehnen und Fett befreien, würfeln, waschen und trockentupfen. Champignons putzen und halbieren. Die Zwiebel würfeln.
In einem Topf Butter zerlassen und die Zwiebel glasig dünsten. Das Fleisch zugeben und anbraten. Champignons beifügen, unter Wenden mit den Gewürzen abschmecken. Falls nötig, etwas Wasser zugießen, und zugedeckt weich schmoren.

◆ Das Fleisch waschen und trockentupfen. Die Zwiebel würfeln, den Knoblauch hacken.
In einem Topf Butter zerlassen und die Zwiebel glasig andünsten. Das Fleisch mit Knoblauch zugeben und unter Wenden anbraten. Mit Kümmel, Koriander, Nelken, Pfeffer und Salz würzen. Tomatensaft zugießen und das Fleisch weich schmoren. Falls nötig, Wasser zugießen.
Währenddessen von den Okraschoten die Stiele kurz abschneiden, in einer Schüssel mit Essig bedeckt etwa 15 Minuten stehen lassen. Abspülen und trockentupfen. In einer Pfanne mit 2 bis 3 EL Butter kurz anbraten, zum Fleisch geben und weich schmoren.

Der Essig verhindert, dass die Okraschoten während des Kochens schleimig werden.

Okraschoten-Qorma
Qorma-e Bamya
»Schast-e Arus«

200 g Kalbsgulasch
1 große Zwiebel
2 Knoblauchzehen
100 g Butter
2 TL gemahlener Kümmel
2 TL gehackter frischer Koriander
½ TL Gewürznelkenpulver
200 ml Tomatensaft
500 g kleine Okraschoten
Essig

◆ Das Fleisch von Sehnen und Fett befreien, in große Stücke schneiden, waschen und trockentupfen. Kichererbsen und Pflaumen waschen, abtropfen lassen. Die Zwiebel würfeln.
In einem Topf Öl erhitzen und die Zwiebel glasig dünsten. Das Fleisch mit dem Knoblauch zugeben und unter Wenden rundherum bräunen. Curry, Pfeffer und Salz unterrühren, mit Brühe ablöschen.
Kichererbsen sowie Pflaumen zugeben und köcheln, bis die Zutaten weich sind.

Pflaumen-Qorma
Qorma-e Alubokhara

1 kg Hammelfleisch (Keule)
2 EL halbe Kichererbsen
250 g getrocknete Pflaumen
1 große Zwiebel
2 EL Pflanzenöl
1 TL zerdrückter Knoblauch
1 TL Currypulver
200 ml kräftige Fleischbrühe

Quitten- oder Apfel-Qorma
Qorma-e Behi ja Seb

300 g Rinderbraten
2 große Quitten oder
  200 g getrocknete Äpfel
1 große Zwiebel
2-3 EL Speiseöl
2 TL gehackter frischer
  Koriander
⅓ TL Safran
1 EL halbe Kichererbsen
1-2 EL Zucker
Zitronensaft

◆ Das Fleisch in große Stücke schneiden. Die Quitten schälen und achteln, Stiel- und Blütenansätze sowie Kerngehäuse entfernen. Die Äpfel waschen und abtropfen lassen. Die Zwiebel würfeln.
In einem tiefen Topf Öl erhitzen und die Zwiebel glasig dünsten. Das Fleisch zugeben und anbraten. Quitten und Äpfel zufügen, mit Koriander, Safran und ½ TL Salz abschmecken. Mehrmals wenden, bis die Früchte mit Öl und Gewürzen überzogen sind. Mit 150 ml Wasser ablöschen und pfeffern. Kichererbsen mit Zucker zugeben und kochen, bis alle Zutaten weich sind und die Sauce eindickt.
Vor dem Servieren mit Zitronensaft abschmecken.

Rhabarber-Qorma
Qorma-e Rawasch

1 kg Lammfleisch (Keule)
1 große Zwiebel
2 EL Pflanzenöl
2 Knoblauchzehen
1 TL gehackter frischer
  Koriander
1 TL Gewürznelkenpulver
½ TL Kurkuma
200 ml kräftige Fleischbrühe
2 große Rhabarberstangen

◆ Das Fleisch von Sehnen und Fett befreien, in große Stücke schneiden, waschen und trockentupfen. Die Zwiebel würfeln.
In einem Topf Öl erhitzen und die Zwiebel dünsten. Das Fleisch mit zerdrücktem Knoblauch zugeben und unter Wenden rundherum bräunen. Mit Koriander, Nelken und Kurkuma würzen, mit Pfeffer und Salz abschmecken, mit Brühe ablöschen. Schmoren, bis das Fleisch weich ist und die Sauce eindickt.
Währenddessen den Rhabarber in 5 cm lange Stücke schneiden und 5 Minuten vor Ende der Kochzeit auf dem Fleisch verteilen.

Kohl-Qorma
Qorma-e Karam

1 mittelgroßer Weiß- oder Rotkohl
2 Zimtstangen
1 große Zwiebel
2 EL Pflanzenöl
500 g Kalbsfilet
½ TL geriebene Muskatnuss
2 TL Currypulver
10 Gewürznelken
½ TL gemahlener Ingwer
100 ml Fleischbrühe

◆ Vom Kohl die Deckblätter entfernen. Den Kopf vierteln und den Strunk ausschneiden. Den Kohl in feine Streifen hobeln, in Wasser mit Zimt etwa 3 Minuten aufkochen, abtropfen lassen. Die Zwiebel würfeln.
Öl erhitzen und die Zwiebel andünsten. Das Fleisch zugeben und anbraten. Mit Muskat, Curry, Nelken und Ingwer würzen. Den Kohl zugeben, pfeffern und salzen. Brühe zugießen und alles dünsten, bis die Sauce eindickt.

Spargel-Qorma
Qorma-e Martschoba

1 kg Kalbfleisch
1 große Zwiebel
2 EL Speiseöl
1 TL zerdrückter Knoblauch
½ TL gemahlener Kümmel
1 TL gehackter frischer Koriander
½ TL Gewürznelkenpulver
1 Prise Kurkuma
1 EL Tomatenmark
500 g junger Spargel
Zucker

◆ Das Fleisch von Sehnen und Fett befreien, in große Stücke schneiden, waschen und trockentupfen. Die Zwiebel würfeln.
Öl erhitzen und die Zwiebel glasig dünsten. Das Fleisch mit dem Knoblauch zugeben und unter Wenden rundherum bräunen. Mit Kümmel, Koriander, Nelken und Kurkuma würzen, pfeffern und salzen. Tomatenmark unterrühren, mit 200 ml Wasser ablöschen. Zugedeckt schmoren, bis das Fleisch weich ist und die Sauce eindickt.
Währenddessen den Spargel schälen und in 3 bis 4 cm lange Stücke schneiden. In Salzwasser mit wenig Zucker bissig garen, abtropfen lassen, auf dem Fleisch verteilen und 2 bis 3 Minuten dünsten.

Zuckermelonen-Qorma
Qorma-e Kharboza

300 g getrocknete Zuckermelonen
2 EL Speiseöl

Fleischsauce wie
 Seite 107 unten

◆ Die Melonenstücke in warmem Wasser ein bis zwei Stunden einweichen, trockentupfen und in große Stücke schneiden. In einer Pfanne Öl erhitzen und die Melonenstücke 2 bis 3 Minuten dünsten.
Die Fleischsauce zubereiten. Melonenstücke unterrühren und einige Minuten dünsten.

Qorma auf Röstbrot
Qorma-e Roenaan

1 kg Kalbfleisch
1 große Zwiebel
2 EL Speiseöl
1 TL zerdrückter Knoblauch
½ TL gemahlener Kümmel
1 TL gehackter frischer Koriander
½ TL Gewürznelkenpulver
½ TL Kurkuma
1 EL Tomatenmark
250 g Sahnequark
2 EL Zitronensaft
2 Fladenbrote
Butter
2 Bund Porree
rotes Paprikapulver
2 EL getrocknete Dillspitzen

◆ Das Fleisch von Sehnen und Fett befreien, in große Stücke schneiden, waschen und trockentupfen. Die Zwiebel würfeln.
Öl erhitzen und die Zwiebel glasig dünsten. Das Fleisch mit dem Knoblauch zugeben und unter Wenden rundherum bräunen. Mit Kümmel, Koriander, Nelken und Kurkuma würzen, pfeffern und salzen. Tomatenmark unterrühren, mit 200 ml Wasser ablöschen. Zugedeckt schmoren, bis das Fleisch weich ist und die Sauce eindickt.
Währenddessen Quark und 2 bis 3 EL Wasser zu einer dickflüssigen Creme verrühren. Mit Zitronensaft und Salz abschmecken.
Fladenbrote in 8 bis 10 cm lange Rechtecke oder Rauten schneiden. In einer Pfanne Butter zerlassen und die Brotstücke von beiden Seiten goldgelb rösten. Herausnehmen und warm stellen.
Den weißen Teil des Porrees gründlich waschen und in Ringe schneiden. In der Pfanne 2 EL Butter zerlassen und den Porree andünsten. Mit einer Prise Kurkuma, Pfeffer und Salz würzen, warm stellen.
Die Hälfte des Brotes auf einer vorgewärmten Servierplatte anrichten, mit der Hälfte der Quark-Creme bestreichen. Fleischsauce und restliche Quark-Creme darauf geben, mit Porree, Paprika und Dill garnieren. Das restliche Fladenbrot getrennt dazu reichen.

Kutteln in Sauce
Qorma-e Schekamba

1 kg Lammkutteln
2 EL halbe Kichererbsen
15 getrocknete Pflaumen
1 große Zwiebel
1-2 EL Speiseöl
3 Knoblauchzehen
2 TL Currypulver
edelsüßes Paprikapulver

◆ Das Fleisch säubern, zwei- bis dreimal gründlich waschen und in kleine Rechtecke oder Streifen schneiden. In einem Topf mit 1½ l Salzwasser zum Kochen bringen, dabei den Schaum abschöpfen. 5 bis 10 Minuten kochen, dann das Wasser abgießen. Die Kutteln mit warmem Wasser gründlich spülen und abtropfen lassen. Kichererbsen und Pflaumen waschen. Die Zwiebel würfeln.
Öl erhitzen und die Zwiebel glasig dünsten. Die Kutteln mit zerdrücktem Knoblauch zugeben und 5 Minuten wenden. Mit Curry, Pfeffer und Salz abschmecken. 2 Tassen Wasser zugießen, Kichererbsen und Pflaumen unterrühren und kochen, bis alle Zutaten weich sind und die Sauce eindickt.
Mit Paprika bestreut servieren.

Rinderfüßchen in Sauce
Qorma-e Patscha

5 gesäuberte Kalbsfüßchen
3-4 Lorbeerblätter
1 große Zwiebel
1-2 EL Speiseöl
4 Knoblauchzehen
1 Prise Kurkuma
1 TL gehackter frischer Koriander
rotes Paprikapulver

◆ Die Kalbsfüßchen in große Stücke zerlegen und gründlich waschen. In einem Schmortopf mit 1½ l Wasser zum Kochen bringen, dabei den Schaum abschöpfen. Lorbeerblätter zugeben und alles zugedeckt schmoren, bis sich das Fleisch von den Knochen lösen lässt. Knochen sowie Lorbeerblätter entfernen und weiterkochen, bis die Flüssigkeit eine sämige Konsistenz annimmt. Die Zwiebel würfeln.
In einer Pfanne Öl erhitzen, Zwiebel und zerdrückten Knoblauch glasig dünsten. Mit Kurkuma, Pfeffer und Salz pikant abschmecken. Fleisch mit Sauce zufügen, mit Koriander bestreuen und weitere 5 Minuten dünsten.
Mit Paprika bestreut servieren.

Zungen in Sauce
Qorma-e Zaban

10 Lammzungen
1 große Zwiebel
50 g Butter
3 Knoblauchzehen
2 TL Currypulver
1 EL Tomatenmark
200 ml Brühe

◆ Die Zungen säubern, waschen und trockentupfen. Die Zwiebel würfeln.
Butter zerlassen und die Zwiebel glasig dünsten. Die Zungen mit zerdrücktem Knoblauch zugeben und unter Wenden anbraten. Mit Curry, Pfeffer und Salz abschmecken. Tomatenmark unterrühren, mit Brühe ablöschen. Bei mittlerer Hitze schmoren, bis die Sauce eindickt.

Gebackene Fleischpaste
Kabab-e Schami

1 kg Lammfleisch ohne Knochen
150 g halbe Kichererbsen
1 große Zwiebel
2 große Salzkartoffeln
3 Knoblauchzehen
1 EL gehackter frischer Koriander
2 EL Weizenmehl
2 Eier
1 TL rotes Paprikapulver
Speiseöl

◆ Das Fleisch von Sehnen und Fett befreien, in große Stücke schneiden und waschen. Kichererbsen waschen. Beides in einem Topf mit ½ l Wasser zum Kochen bringen, dabei den Schaum abschöpfen. Pfeffern und salzen. Das Fleisch weich schmoren. Herausnehmen und die Brühe durchsieben. Die Zwiebel würfeln.
Fleisch und Kichererbsen mit Salzkartoffeln, Zwiebel, zerdrücktem Knoblauch und Koriander durch den Fleischwolf drehen, bis eine feine Masse entsteht. Mit Mehl, Eiern, Paprika, 2 EL Öl und etwas Brühe kräftig zu einer Fleischpaste kneten. 5 bis 6 cm lange und 2 bis 3 cm dicke Röllchen formen, auf ein eingefettetes Blech legen und mit Öl bestreichen. Im auf 200° C vorgeheizten Ofen auf mittlerer Schiene 10 bis 15 Minuten goldbraun braten.
Beilagen: frisches Brot; Lauchzwiebeln oder ein üppiger grüner Salat; Walnusssauce (Seite 140)

◆ Lauchzwiebeln abziehen und mit dem Grün in Ringe schneiden. Zwiebeln würfeln, Koriander fein hacken.
Fleisch, Lauchzwiebeln, Zwiebeln, zerdrückten Knoblauch, Koriander, Kichererbsenmehl, Eier, Pfeffer und Salz in einer großen Schüssel zu einer Paste kneten. Jeweils 3 bis 4 EL Paste mit der Hand zu dünnen runden Fladen formen.
In einer Pfanne löffelweise Öl erhitzen und die Fladen von beiden Seiten goldbraun und saftig braten, dabei mit dem Wender noch flacher drücken.
Mit Paprika bestreuen und heiß servieren.
Beilagen: frisches Brot, frische Korianderzweige, Zitronenscheiben

Gemüse-Hackfleischbraten
Tschabli Kabab

1 Bund Lauchzwiebeln
2 große Zwiebeln
1 Bund Koriander
1 kg Hackfleisch
4 Knoblauchzehen
3 EL Kichererbsenmehl
3 Eier
Speiseöl
rotes Paprikapulver

◆ Das Fleisch unter fließendem Wasser abspülen, trockentupfen und mehrmals einstechen. Den Knoblauch in Stifte schneiden und in die Schlitze stecken. Das Fleisch kräftig pfeffern und salzen, in einen Bräter geben. Im Ofen bei mittlerer Hitze eine Stunde anbraten, immer wieder mit dem Bratenfond begießen. Das Fett abschöpfen.
Die Kartoffeln schälen, Möhren schaben und in große Stücke schneiden. Beides mit Schalotten, Lorbeerblättern und der zerkleinerten Zimtstange um das Fleisch verteilen. Das Fleisch mit Zitronensaft beträufeln, Brühe zugießen. Auf der untersten Schiene eine Stunde garen, dabei die Lammkeule wenden, damit das Fleisch gleichmäßig bräunt.
Das Fleisch mit allen Zutaten auf einer Servierplatte anrichten, die Lorbeerblätter entfernen und warm servieren.

Lammkeule-Rostbraten
Kabab-e Qhau

1 ganze Lammkeule
4 Knoblauchzehen
8 kleine Kartoffeln
3 Möhren
4 Schalotten
2-3 Lorbeerblätter
1 Zimtstange (5 cm)
Zitronensaft
200 ml Fleischbrühe

Lammzungenbraten
Kabab-e Zaban-e Bara

10 Lammzungen
1 große Zwiebel
150 g Butter
2 Knoblauchzehen
1 EL Tomatenmark
1 TL Currypulver
3 EL gehackter frischer Koriander
300 ml Brühe
4 feste Tomaten
1 EL frische Korianderblätter

◆ Die Zungen säubern, waschen und trockentupfen. Die Zwiebel würfeln.
In einer Pfanne Butter zerlassen und die Zwiebel glasig dünsten. Die Zungen mit zerdrücktem Knoblauch zugeben und unter Wenden anbraten. Tomatenmark unterrühren, mit Curry, gehacktem Koriander, Pfeffer und Salz würzen. Mit Brühe ablöschen und die Zungen bei schwacher Hitze zugedeckt schmoren, bis sie weich sind und die Sauce eindickt. Die Tomaten vierteln und entkernen. Auf den Zungen verteilen und zugedeckt 2 bis 3 Minuten dünsten.
Mit Korianderblättern garniert servieren.
Beilagen: Reis, Salzkartoffeln oder Vollkornbaguette; Tomatensalat

Leberbraten
Kabab-e Dschegar

1 kg Lammleber
3 Frühlingszwiebeln
150 g Butterschmalz
2-3 Fleischtomaten
rotes edelsüßes Paprikapulver

◆ Die Leber säubern und in große Stücke schneiden. Die Zwiebeln in Ringe schneiden.
In einer Pfanne Schmalz zerlassen und die Zwiebelringe glasig dünsten. Leber zugeben und mehrmals wenden. Mit Pfeffer und Salz würzig abschmecken. Die Tomaten in Scheiben schneiden und entkernen. Auf der Leber verteilen und zugedeckt 5 Minuten dünsten.
Mit Paprika bestreuen und heiß servieren.
Beilagen: frisches Fladenbrot und Eisbergsalat

Schäferbraten
Kabab-e Tschopan

1 kg Lammfleisch
300 g Lammfett
1 große Zwiebel
1 TL Currypulver
4 Fleischtomaten
1 TL rotes edelsüßes Paprikapulver

◆ Das Fleisch von Sehnen und Fett befreien, würfeln, waschen und trockentupfen. Das Fett würfeln. Die Zwiebel in Ringe schneiden. Alles in einem Topf unter Wenden braten, mit Curry, Pfeffer und Salz würzen. Mit 300 ml Wasser ablöschen und zugedeckt weich schmoren.
Die Tomaten kurz in kochendes Wasser tauchen, häuten, vierteln und entkernen. Zugeben und 2 bis 3 Minuten anschwitzen.
Mit Paprika bestreut servieren.
Beilagen: frisches Fladenbrot und Lauchzwiebeln

◆ Das Fleisch säubern und würfeln. Die Zwiebel hacken.
In einer Pfanne Öl erhitzen, Zwiebel und zerdrückten Knoblauch glasig dünsten. Das Fleisch zugeben und unter Wenden braten. Mit Koriander, Curry, Pfeffer und Salz würzig abschmecken. Tomatensaft zugießen und zugedeckt 10 bis 15 Minuten dünsten.
Mit Korianderblättern garnieren und mit Paprika bestäuben. Heiß servieren.
Beilagen: frisches Fladenbrot und eingelegte Kohlrüben (Seite 167)

Leber-Lungen-Braten
Schosch Kabab

800 g Lammleber
200 g Lammlunge
1 große Zwiebel
1-2 EL Speiseöl
2 Knoblauchzehen
1 TL gehackter frischer Koriander
1 TL Currypulver
50 ml Tomatensaft
1 EL frische Korianderblätter
½ TL rotes edelsüßes Paprikapulver

◆ Das Fleisch von Sehnen und Fett befreien, in große Stücke schneiden, waschen und trockentupfen. Die Zwiebeln in Ringe schneiden.
Im Bräter Öl erhitzen und die Zwiebelringe glasig dünsten. Mit einem Schaumlöffel herausnehmen. Das Fleisch zugeben, mit zerdrücktem Knoblauch, der Gewürzmischung, Kurkuma, grob gemahlenem Pfeffer und Salz würzen. Das Fleisch wenden, bis sich eine gelbe Kruste bildet. Die Zwiebeln zugeben, mit Brühe ablöschen, mit Zitronensaft abschmecken. Bei mittlerer Hitze zugedeckt kochen, bis das Fleisch weich ist und die Sauce eindickt.
Mit Paprika bestreut servieren.
Beilage: Reis, Salzkartoffeln, Nudeln oder Fladenbrot

Zwiebel-Fleischbraten
Kabab-e Degi
»Kaba-e Daschi«

2 kg Lammschulter
3 große Zwiebeln
3 EL Olivenöl
3 Knoblauchzehen
1 EL Gewürzmischung (Seite 173)
½ TL Kurkuma
400 ml Brühe
2 EL Zitronensaft
2 TL rotes edelsüßes Paprikapulver

Zwiebel-Hähnchen-keulenbraten
Kabab-e Degi Ran-e Morgh

2-3 Stunden Vorbereitungszeit

8 Hähnchenkeulen
250 g Joghurt
2 große Zwiebeln
3-4 EL Speiseöl
4 Knoblauchzehen
⅓ TL Safran
1 EL gehackter frischer Koriander
2 TL schwarzes Kardamompulver
½ TL gemahlener Zimt
1 rote und 1 grüne Paprikaschote
rotes edelsüßes Paprikapulver

◆ Die Hähnchenkeulen enthäuten und in je zwei Teile zerlegen, waschen und trockentupfen. Joghurt, 2 TL Salz und 1 TL Pfeffer verrühren und das Fleisch zwei bis drei Stunden darin marinieren. Die Zwiebeln würfeln. In einem Topf Öl erhitzen und die Zwiebeln glasig dünsten. Das Fleisch mit zerdrücktem Knoblauch zugeben und unter Wenden bräunen. Mit Safran, Koriander, Kardamom und Zimt würzen. Mit der Marinade ablöschen und zugedeckt etwa 15 Minuten schmoren. Währenddessen die Paprika vierteln und entkernen, das weiße Fruchtfleisch entfernen. Auf dem Fleisch verteilen und 5 Minuten dünsten. Mit Pfeffer und Salz abschmecken, mit Paprika bestreuen.
Beilagen: Reis, Nudeln oder frisches Fladenbrot; eingelegter Kürbis (Seite 168)

Hackfleisch am Spieß
Kabab-e Qima

2 kg Lammschulter
2 große Zwiebeln
4 Knoblauchzehen
2 Eier
1 EL gehackter frischer Koriander
1 TL Gewürznelkenpulver
1 TL gemahlener Zimt
Fladenbrot
rotes Paprikapulver

◆ Das Fleisch von Sehnen und Fett befreien, würfeln, waschen und trockentupfen. Mit Zwiebeln und Knoblauch durch einen Fleischwolf drehen. Mit Eiern, Koriander, Nelken, Zimt, Pfeffer und Salz zu einer glatten Fleischpaste kneten. Mit angefeuchteten Händen kleine Frikadellen formen und auf Spieße stecken. Auf glühender Holzkohle oder heißem Grill von allen Seiten saftig grillen. Zuletzt pfeffern und salzen.
Mit Fladenbrot auf Tellern anrichten und mit Paprika bestreuen.
Beilagen: Korianderzweige und Zitronenscheiben

◆ Das Fleisch von Sehnen befreien und in große Portionen zerlegen. Mit zerdrücktem Knoblauch, Pfeffer und Salz reichlich würzen, 30 Minuten einwirken lassen.
In einem großen Topf reichlich Öl erhitzen. Ein Fleischstück auf einen Spieß stecken und auf offenem Feuer von allen Seiten einige Minuten grillen. Ins heiße Öl tauchen, abtropfen lassen und weitere 2 bis 3 Minuten grillen. Diesen Vorgang wiederholen, bis das Fleisch weich und saftig ist.
In Fladenbrote einwickeln und auf Tellern servieren.
Beilagen: ein üppiger grüner Salat und gewürztes Paprikapulver (Seite 173)

Lämmchen am Spieß
Kabab-e Dagh

1 kleines Lämmchen
Knoblauch
Öl zum Braten
dünne Fladenbrote

◆ Das Fleisch in 3 bis 4 cm große Stücke würfeln. Mit geriebenen Zwiebeln, zerdrücktem Knoblauch, Öl und Pfeffer in einer Schüssel kneten, bis das Fleisch die Zutaten aufnimmt. An einem kühlen Ort zugedeckt 10 bis 20 Minuten einwirken lassen.
Auf Spieße stecken, reichlich salzen und auf glühender Holzkohle gleichmäßig von allen Seiten saftig grillen.
Mit Paprika bestreut servieren.
Beilagen: Fladenbrote und Koriandersauce (Seite 138)

Lammfleisch am Spieß
Kabab-e Tekka

1½ kg Lammfilet
2 große Zwiebeln
4 Knoblauchzehen
2-3 EL Olivenöl
rotes Paprikapulver

Lammnieren am Spieß
Kabab-e Gorda-e Bara

10 Lammnieren
3 Knoblauchzehen
2 EL Zitronensaft

◆ Die Nieren enthäuten, vierteln, von Sehnen und Strängen befreien, gründlich waschen und trockentupfen. Zerdrückten Knoblauch, Zitronensaft, Pfeffer und 2 TL Salz gut vermengen. Das Fleisch damit würzen, 10 bis 15 Minuten einwirken lassen.
Auf Spieße stecken und auf glühender Holzkohle gleichmäßig von allen Seiten saftig grillen.
Heiß als Vorspeise servieren.
Beilagen: frisches Brot, Tomatenscheiben, Kräutersauce (Seite 138)

Leber am Spieß
Kabab-e Sikhi-e Dschegar

1 kg Lammleber
1 große Zwiebel
4 Knoblauchzehen
rotes Paprikapulver

◆ Das Fleisch säubern und in mittelgroße Stücke würfeln. In einer Rührschüssel mit geriebener Zwiebel, zerdrücktem Knoblauch, 1 TL Pfeffer und 2 TL Salz gut vermengen, 8 bis 10 Minuten einwirken lassen.
Jeweils 12 bis 15 Leberwürfel auf einen Spieß stecken, auf dem Grill von allen Seiten kurz saftig grillen.
Mit Paprika würzen und heiß als Vorspeise servieren.
Beilage: Zitronenschnitze

Eiergerichte

◆ Das Fleisch von Sehnen und Fett befreien. Joghurt, zerdrückten Knoblauch, Pfeffer und Salz verrühren und das Fleisch zwei bis drei Stunden darin marinieren. Die Tomaten vierteln und entkernen. Zwiebel in Ringe schneiden.
Das Fleisch aus der Marinade nehmen, auf Spieße stecken und reichlich salzen. Auf glühender Holzkohle saftig grillen und warm stellen.
In einer Pfanne Butter zerlassen und die Zwiebel glasig dünsten. Das Fleisch zugeben und 1 bis 2 Minuten darin wenden. Mit Marinade ablöschen, die Tomaten darauf verteilen und die Flüssigkeit einkochen. Die Eier darauf schlagen, pfeffern und salzen. Mit Korianderblättern garnieren und mit Paprika bestreuen.
Beilagen: Vollkornbaguette, Salat, Zitronenschnitze

Eier-Spießfleisch-Pfanne
Karai

2-3 Stunden Vorbereitungszeit

1 kg Lammgulasch
2 Becher Joghurt
4 Knoblauchzehen
2 Fleischtomaten
1 große Zwiebel
100 g Butter
6-7 Eier
1 EL frische Korianderblätter
rotes Paprikapulver

◆ Die Tomaten würfeln und entkernen, die Zwiebel würfeln. Fleisch, zwei Eier, Zwiebel, Koriander, Nelken, ½ TL Pfeffer und 2 TL Salz kneten und walnussgroße Kügelchen formen.
In einer tiefen Pfanne Öl erhitzen und den Knoblauch anschwitzen. Hackfleischkügelchen zugeben und unter Wenden anbraten. Mit Tomaten und Tomatensaft ablöschen. Bei schwacher Hitze etwa 15 Minuten weich schmoren und die Sauce eindicken lassen. Die restlichen Eier darauf schlagen, pfeffern und salzen, 2 bis 3 Minuten stocken lassen.
Beilagen: frisches Fladenbrot und Lauchzwiebel

Eier-Hackfleisch-Pfanne
Tokhom wa Kofta

3 feste Tomaten
1 große Zwiebel
500 g Hackfleisch
8 Eier
1 EL gehackter frischer Koriander
2 TL Gewürznelkenpulver
2-3 EL Speiseöl
4 zerdrückte Knoblauchzehen
50 ml Tomatensaft

Eier-Knoblauch-Pfanne
Tokhom wa Sir

3 Fleischtomaten
1 große Zwiebel
4 EL Butter
5 Knoblauchzehen
1 Prise Kurkuma
6-7 Eier
1 EL frische Korianderblätter

◆ Die Tomaten in Scheiben schneiden und entkernen. Die Zwiebel in Ringe schneiden.
In einer Pfanne Butter zerlassen, Zwiebelringe und zerdrückten Knoblauch glasig dünsten. Mit Kurkuma, Pfeffer und Salz würzen. Die Eier einzeln darauf schlagen, pfeffern und salzen. Die Tomaten darüber verteilen und anschwitzen.
Mit Korianderblättern garniert servieren.
Beilagen: frisches Fladenbrot oder Brötchen, Kräutersauce (Seite 138)

Eier-Porree-Pfanne
Tokhom wa Gandana

4 dünne Stangen Porree
1 große Zwiebel
5 EL Butterschmalz
1 TL gehackter frischer Koriander
½ TL Gewürznelkenpulver
⅓ TL Kurkuma
6 Eier
rotes Paprikapulver

◆ Weiße und hellgrüne Teile des Porrees gründlich waschen und in Ringe schneiden. Die Zwiebel würfeln.
In einer Pfanne Schmalz zerlassen und die Zwiebel glasig dünsten. Den Porree zugeben und mehrmals darin wenden, mit Koriander, Nelken, Kurkuma, Pfeffer und Salz würzen und dünsten, bis die Flüssigkeit fast vollständig verkocht ist. Mit einem Löffelrücken sechs Vertiefungen in den Porree drücken. In jede ein Ei schlagen, stocken lassen, pfeffern und salzen.
Mit Paprika bestreut servieren.
Beilage: Brot

Eier-Rhabarber-Pfanne
Tokhom wa Rawasch

3 Stangen Rhabarber
2 Fleischtomaten
1 große Zwiebel
½ Bund Koriander
4-5 EL Butter
6-7 Eier
rotes Paprikapulver

◆ Rhabarber schälen und in 4 bis 5 cm lange Stücke schneiden. Tomaten vierteln und entkernen. Zwiebel in Ringe schneiden. Koriander grob hacken.
In einer Pfanne Butter zerlassen und die Zwiebelringe glasig dünsten. Den Rhabarber zugeben und halb gar dünsten. Die Tomaten darüber verteilen und 2 bis 3 Minuten anschwitzen. Die Eier darauf schlagen, stocken lassen, pfeffern und salzen.
Mit Koriander garnieren und mit Paprika würzen.
Beilagen: Baguette und eingelegte Auberginen (Seite 167)

Eier-Spinat-Pfanne
Tokhom wa Sabzi

1½ kg junger Blattspinat
1 Bund Lauchzwiebeln
1 Bund Koriander
100 g Butter
1 EL Gewürzmischung
 (Seite 173)
6 Eier

◆ Den Spinat verlesen, grob hacken, waschen und abtropfen lassen. Lauchzwiebeln abziehen und mit dem Grün in Ringe schneiden. Den Koriander grob hacken.
In einem Topf Butter zerlassen und die Lauchzwiebeln glasig dünsten. Spinat und Koriander zugeben und unter Wenden dünsten. Mit der Gewürzmischung abschmecken. Im offenen Topf dünsten, bis die Flüssigkeit eine sämige Konsistenz annimmt, salzen. Mit einem Löffelrücken sechs Vertiefungen in den Spinat drücken. In jede ein Ei schlagen, stocken lassen, pfeffern und salzen.
Beilagen: Brötchen und Koriandersauce (Seite 138)

Eier-Tomaten-Pfanne
*Tokhom wa
Badendschan-e Rumi*

3 große Fleischtomaten
1 grüne Paprikaschote
1 große Zwiebel
5 EL Butter
1 EL Zucker
2 EL Zitronensaft
6-7 Eier
rotes edelsüßes Paprikapulver
frische Korianderblätter

◆ Die Tomaten vierteln und entkernen. Die Paprika vierteln und entkernen, das weiße Fruchtfleisch entfernen. Die Zwiebel in Ringe schneiden. In einer Pfanne Butter zerlassen und die Zwiebelringe andünsten. Zucker und Zitronensaft unterrühren. Tomaten und Paprikastücke zugeben und kurz dünsten. Die Eier darauf schlagen und stocken lassen. Mit Paprika, grob gemahlenem Pfeffer und Salz würzen.
Mit Korianderblättern garniert servieren.
Beilagen: frisches Fladenbrot, grüner Salat, Walnusssauce (Seite 140)

Teig- und Mehlgerichte

Gebackene Kräutertaschen
Bolani Tarkari

400 g Mehl
3 EL Olivenöl
2 rote Paprikaschoten
2 Bund Frühlingszwiebeln
1 Bund Koriander
1 Bund Dill
frische Minzeblätter
⅓ TL scharfes Paprikapulver
Kräuterbutter

◆ Mehl und 2 TL Salz in eine Schüssel sieben, mit 2 EL Öl und etwas warmem Wasser zu einem mittelfesten Teig kneten. Zu einer Kugel formen, mit einem Tuch bedeckt eine Stunde ruhen lassen. Die Paprika halbieren und entkernen, das weiße Fruchtfleisch entfernen, die Schoten würfeln. Die Zwiebeln putzen und mit dem Grün in feine Ringe schneiden. Koriander und Dill hacken. Zwiebeln und Kräuter mit der Hand leicht kneten, um den Saft herauszupressen. Alles mit Paprika und 2 TL Salz würzig abschmecken.
Den Teig erneut kneten, acht bis zehn gleich große Kugeln formen und auf einem bemehlten Brett zugedeckt 5 bis 10 Minuten lagern. Dünn ausrollen, 2 bis 3 EL Füllung auf eine Hälfte der Teigfläche verteilen und die Ränder anfeuchten. Zusammenklappen und die Ränder fest andrücken. Die Taschen mit der Handfläche leicht flach drücken und auf eine bemehlte Fläche legen.
Den Ofen auf 200° C vorheizen. Ein Blech mit dem restlichen Öl einfetten, drei bis vier Taschen darauf legen und auf mittlerer Schiene goldbraun backen. Mit den übrigen Taschen auf gleiche Weise verfahren.
Mit Kräuterbutter bestreichen und heiß servieren.
Beilage: Joghurt

Gebackene Kürbistaschen
Bolani Kadu

Teigtaschen wie
  Seite 125 oben
1 kg Kürbis
2 Chilischoten
2 große Zwiebeln
2 Knoblauchzehen
1 EL gehackter frischer
  Koriander
1 EL Speiseöl
Kräuterbutter

◆ Den Teig zubereiten.
Das Kürbisfruchtfleisch grob raspeln. Chili waschen, längs halbieren, entkernen und in Ringe schneiden. Zwiebeln und Knoblauch würfeln. Alles mit Koriander, Pfeffer, Salz und wenig Öl vermengen.
Die Teigtaschen zubereiten und füllen.
Den Ofen auf 200° C vorheizen. Ein Blech einfetten, die Taschen darauf legen und auf mittlerer Schiene 10 bis 12 Minuten goldgelb backen.
Mit Kräuterbutter bestreichen und heiß servieren.
Beilagen: Joghurt und Kräutersauce (Seite 138)

Gebackene Kürbisblütentaschen
Bolani Gol-eKadu

400 g Weizenmehl
1 Würfel frische Hefe
500 g Kürbis
300 g frische Kürbisblüten
1 Chilischote
2 große Zwiebeln
3 Knoblauchzehen
3 EL Butter
1 EL gehackter frischer Koriander
rotes Paprikapulver
Kräuterbutter

◆ Mehl in eine Rührschüssel sieben, 2 TL Salz beifügen. Die zerbröckelte Hefe in etwas warmem Wasser auflösen, zugeben und alles zu einem mittelfesten Teig kneten. Zugedeckt gehen lassen, bis sich das Volumen verdoppelt hat.
Währenddessen das Kürbisfruchtfleisch grob raspeln, die Kürbisblüten waschen, abtropfen lassen und grob hacken. Die Chili waschen, längs halbieren, entkernen und fein würfeln. Zwiebeln und Knoblauch würfeln.
In einer Pfanne Butter zerlassen, Kürbisfruchtfleisch und Kürbisblüten mit Zwiebeln und Knoblauch dünsten, bis die Flüssigkeit verkocht ist. Die Chili zugeben, mit Koriander, Paprika, Pfeffer und Salz würzig abschmecken. Die Pfanne vom Herd nehmen und abkühlen lassen.
Den Teig erneut gründlich kneten. Golfballgroße Kugeln formen und auf einer bemehlten Fläche zu etwa 15 cm großen Rechtecken ausrollen. 2 bis 3 EL Füllung auf eine Hälfte der Teigfläche verteilen und die Ränder anfeuchten. Zusammenklappen und die Ränder fest andrücken. Die Taschen mit der Handfläche leicht flach drücken.
Den Ofen auf 200° C vorheizen. Ein Blech einfetten, die Taschen darauf legen und auf mittlerer Schiene 10 bis 12 Minuten goldgelb backen.
Mit Kräuterbutter bestreichen und heiß servieren.
Beilagen: Joghurt und Kräutersauce (Seite 138)

Gebackene Portulaktaschen
Bolani Khorfa

Teigtaschen wie
   Seite 125 oben

1½ kg Portulak
200 g Mungbohnen
1 große Zwiebel
2-3 EL Butter
1 EL gehackter frischer
   Koriander
1 TL Gewürznelkenpulver
Kräuterbutter

◆ Den Teig zubereiten.
Die Portulakblätter verlesen, waschen und abtropfen lassen. Die Bohnen in Wasser weich kochen und durchsieben. Die Zwiebel in Ringe schneiden. In einem Topf Butter zerlassen und die Zwiebelringe andünsten. Portulak und Bohnen zugeben, mehrmals wenden. Mit Koriander, Nelken, Pfeffer und Salz abschmecken und kochen, bis die Flüssigkeit fast vollständig verdunstet ist. Den Topf vom Herd nehmen und abkühlen lassen.
Die Teigtaschen zubereiten und füllen.
Den Ofen auf 200° C vorheizen. Ein Blech einfetten, die Taschen darauf legen und auf mittlerer Schiene 10 bis 12 Minuten goldgelb backen.
Mit Kräuterbutter bestreichen und heiß servieren.
Beilagen: Joghurt und Paprikasauce (Seite 138)

Gebratene Lauchtaschen
Bolani Gandana

Teigtaschen wie
   Seite 125 oben

2 kg Porree
2 Chilischoten
1 Bund Koriander
1 EL rotes Paprikapulver
2 EL Olivenöl

◆ Den Teig zubereiten.
Weiße und hellgrüne Teile des Porrees gründlich waschen, in feine Ringe schneiden und halbieren. Chili waschen, längs halbieren, entkernen und fein würfeln. Den Koriander hacken. Porree und Koriander mit der Hand kräftig kneten, um den Saft herauszupressen. Mit 2 TL Salz und Paprika würzen.
Die Teigtaschen zubereiten und füllen.
In einer beschichteten Pfanne löffelweise Öl erhitzen und die Taschen von beiden Seiten goldgelb braten; dabei mit dem Wender gleichmäßig flach drücken, damit sich der Teig nicht zusammenzieht. Auf Küchenpapier abtropfen lassen und heiß servieren.
Beilagen: Joghurt und Koriandersauce (Seite 138)

Gebratene Pellkartoffeltaschen
Bolani Katschalu

Teigtaschen wie
 Seite 125 oben

1 rote Paprikaschote
2 große Zwiebeln
1 Bund Koriander
500 g Pellkartoffeln
3 Knoblauchzehen
Speiseöl

◆ Den Teig zubereiten.
Die Paprika halbieren und entkernen, das weiße Fruchtfleisch entfernen. Die Zwiebeln würfeln. Den Koriander hacken. Pellkartoffeln, Paprika und Koriander in einer Schüssel grob stampfen. Mit Zwiebeln, zerdrücktem Knoblauch, Pfeffer und Salz würzen und gut vermengen.
Die Teigtaschen zubereiten und füllen.
In einer beschichteten Pfanne löffelweise Öl erhitzen und die Taschen von beiden Seiten goldgelb braten; dabei mit dem Wender gleichmäßig flach drücken, damit sich der Teig nicht zusammenzieht. Auf Küchenpapier abtropfen lassen und heiß servieren.
Beilagen: Joghurt und Paprikasauce (Seite 138)

Gebratene Pilztaschen
Bolani Samaroq

Teigtaschen wie
 Seite 125 oben

500 g Pilze
2 große Zwiebeln
100 g Ingwerwurzel
Speiseöl
3 Knoblauchzehen
2 TL gehackter frischer
 Koriander
½ TL Gewürznelkenpulver
½ TL gemahlener Zimt

◆ Den Teig zubereiten.
Die Pilze säubern und fein hacken. Die Zwiebeln würfeln. Den Ingwer mit einem scharfen Messer schälen, sehr fein würfeln oder reiben.
In einer Pfanne 2 EL Öl erhitzen und die Pilze darin wenden, bis die Flüssigkeit fast vollständig verdunstet ist. Zwiebeln, zerdrückten Knoblauch, Koriander, Nelken, Zimt und Ingwer unterrühren, pfeffern und salzen.
Die Teigtaschen zubereiten und füllen.
In einer beschichteten Pfanne löffelweise Öl erhitzen und die Taschen von beiden Seiten goldgelb braten; dabei mit dem Wender gleichmäßig flach drücken, damit sich der Teig nicht zusammenzieht. Auf Küchenpapier abtropfen lassen und heiß servieren.

◆ Den Blätterteig auftauen. Die Zwiebel würfeln. Die Erbsen abtropfen lassen und mit Zwiebel, Öl, Koriander, Nelken, Paprika, Pfeffer und Salz vermengen.
Die quadratischen Teigscheiben diagonal schneiden und zu dreieckigen Taschen falten. Eine Seite festdrücken, 1 EL Füllung hineingeben. Die offene Seite ebenfalls festdrücken, die Taschen mit Eigelb bestreichen und auf ein mit Backpapier ausgelegtes Blech legen. Im auf 150° C vorgeheizten Ofen auf mittlerer Schiene 8 bis 10 Minuten goldbraun backen.
Zu Tee, Kaffee oder als Nascherei servieren.

Gebackene Erbsentaschen
Sambosa-e Matar

1 Packung Blätterteig (tiefgekühlt)
1 Zwiebel
200 g feine Erbsen aus der Dose
1 EL Olivenöl
1 TL gehackter frischer Koriander
½ TL Gewürznelkenpulver
½ TL Paprikapulver
2 Eigelb

◆ Mehl in eine Schüssel sieben, Hefe, Butter, Eier und 2 TL Salz sorgfältig untermischen. Mit etwas warmem Wasser kräftig zu einem mittelfesten Teig kneten und zugedeckt eine Stunde gehen lassen. Die Zwiebel würfeln. In einer Pfanne mit dem Fleisch 2 bis 3 Minuten wenden. Mit Koriander, Nelken, Paprika, Pfeffer und Salz würzen. Die Pfanne vom Herd nehmen und abkühlen lassen. Den Teig dünn ausrollen und 6 cm große Quadrate ausschneiden. 1 EL Füllung darauf verteilen und die Ränder anfeuchten. Diagonal falten und die Ränder fest andrücken. Mit Eigelb bestreichen und auf ein mit Backpapier ausgelegtes Blech legen. Im auf 150° C vorgeheizten Ofen auf mittlerer Schiene 10 Minuten backen.

Variante
Den Teig durch tiefgekühlten Blätterteig ersetzen.

Gebackene Hackfleischtäschchen
Sambosa-e Goschti

200 g Weizenmehl
20 g Trockenhefe
2 EL zerlassene Butter
2 Eier
1 Zwiebel
300 g Hackfleisch
2 TL gehackter frischer Koriander
½ TL Gewürznelkenpulver
2 TL edelsüßes Paprikapulver
2 Eigelb

Gedämpfte Hackfleischtaschen
Mantu

400 g Weizenmehl
3 EL Speiseöl
2 Eier
1 Würfel frische Hefe
getrocknete Minzeblätter
rotes Paprikapulver

für die Füllung:
2 große Zwiebeln
1 kg Hackfleisch
1 EL zerdrückter Knoblauch
1 EL Gewürzmischung
  (Seite 173)

für die Hackfleischsauce:
1 Zwiebel
50 g Butter
250 g Hackfleisch
1 TL zerdrückter Knoblauch
1 EL Tomatenmark
1 EL Gewürzmischung
  (Seite 173)
150 ml Tomatensaft

für die Quark-Creme:
250 g Sahnequark
½ TL zerdrückter Knoblauch
Milch
1 EL Zitronensaft

◆ Mehl in eine Rührschüssel sieben, 2 EL Öl, Eier und 2 TL Salz sorgfältig untermischen. Die zerbröckelte Hefe in etwas warmem Wasser auflösen, zugeben und alles kräftig zu einem Nudelteig kneten. An einem warmen Ort zugedeckt ein bis zwei Stunden gehen lassen.
Für die Füllung die Zwiebeln würfeln. In einer Pfanne mit Fleisch und Knoblauch etwa 4 Minuten wenden. Mit der Gewürzmischung, Pfeffer und Salz abschmecken. Herausnehmen und abkühlen lassen.
Für die Sauce die Zwiebel würfeln. In der Pfanne Butter zerlassen und die Zwiebel glasig dünsten. Das Fleisch mit dem Knoblauch zugeben und mehrmals wenden. Tomatenmark unterrühren und unter Wenden dünsten. Mit der Gewürzmischung, Pfeffer und Salz abschmecken. Mit Tomatensaft ablöschen und bei schwacher Hitze kochen, bis die Sauce eindickt.
Währenddessen Quark mit Knoblauch und etwas Milch zu einer dickflüssigen Creme verrühren. Mit Zitronensaft und Salz abschmecken.
Den Teig erneut gründlich kneten. Tennisballgroße Kugeln formen und auf einer bemehlten Fläche zu etwa 8 cm großen Rechtecken ausrollen. 1 bis 2 EL Füllung darauf verteilen und die Ränder anfeuchten. Die Ecken kreuzweise hochschlagen und festdrücken. Die vier Ränder anritzen und zudrücken. In einem Topf mit zwei Einsätzen so viel Salzwasser zum Kochen bringen, dass die Einsätze nicht mit dem Wasser in Berührung kommen. Die Taschen einölen und nebeneinander auf die Einsätze legen. Bei mittlerer Hitze zugedeckt 15 Minuten dämpfen. Dann die Einsätze tauschen und die Taschen weitere 5 Minuten dämpfen.
Zum Servieren die Hälfte der Quark-Creme auf eine vorgewärmte Platte streichen. Die Taschen darauf anrichten, etwas Quark-Creme darauf verteilen und mit etwas Hackfleischsauce garnieren. Mit Minze und Paprika bestreuen. Restliche Hackfleischsauce und Quark-Creme getrennt dazu servieren.

◆ Mehl in eine Rührschüssel sieben, Eier, Pfeffer und Salz sorgfältig untermischen. Die zerbröckelte Hefe in etwas warmem Wasser auflösen, zugeben und alles kräftig zu einem Teig kneten. An einem warmen Ort zugedeckt ein bis zwei Stunden gehen lassen.
Für die Füllung den weißen Teil des Porrees gründlich waschen, in feine Ringe schneiden und halbieren. Mit Öl vermischen und mit der Hand kräftig kneten, um den Saft herauszupressen. Chili waschen, längs halbieren, entkernen und fein würfeln. Koriander hacken. Alles mit Pfeffer und Salz vermischen.
Aus dem Teig Bällchen formen, hauchdünn ausrollen und 8 cm große Kreise ausstechen. 1 EL Füllung darauf verteilen und die Ränder anfeuchten. Zusammenklappen, an den Rändern festdrücken und mit Mehl bestäuben.
Hackfleischsauce und Quark-Creme zubereiten. In einem tiefen Topf 1½ l Wasser mit Essig zum Kochen bringen. Die Taschen vorsichtig hineingeben und 5 bis 6 Minuten aufkochen. Das Wasser vollständig abgießen.
Zum Servieren die Hälfte der Quark-Creme auf eine vorgewärmte Platte streichen. Die Taschen darauf anrichten, etwas Quark-Creme darauf verteilen und mit etwas Hackfleischsauce garnieren. Mit Minze und Paprika bestreuen. Restliche Hackfleischsauce und Quark-Creme getrennt dazu servieren.

Gekochte Lauchtaschen
Aschak

400 g Weizenmehl
2 Eier
1 Würfel frische Hefe
2 EL Essig
getrocknete Minzeblätter
rotes Paprikapulver

für die Füllung:
1 kg Porree
2 EL Olivenöl
2 Chilischoten
1 Bund Koriander

Hackfleischsauce wie
　Seite 130
Quark-Creme wie Seite 130

Gekochte Quarktaschen
Pori Tschaka

400 g Weizenmehl
3 Eier
2 EL Speiseöl
250 g Quark
50 g Rosinen
1 EL abgeriebene
   Zitronenschale
1 EL Zitronensaft
Puderzucker

◆ Mehl in eine Schüssel sieben, zwei Eier, Öl und 2 TL Salz sorgfältig untermischen. Löffelweise warmes Wasser zugießen und mit der Hand zu einem geschmeidigen und glatten Teig kneten. Zu einer Kugel formen und im Kühlschrank zugedeckt 30 Minuten ruhen lassen.
Quark, ein Eigelb, Rosinen, Zitronenschale und -saft verrühren.
Den Teig hauchdünn ausrollen und 10 bis 12 cm große Kreise ausstechen. 2 bis 3 EL Füllung darauf verteilen und die Ränder mit Eiweiß bestreichen. Zusammenklappen und an den Rändern festdrücken.
In einem Topf 1 l Salzwasser zum Kochen bringen. Jeweils vier bis fünf Teigtaschen hineingeben und bei schwacher Hitze etwa 10 Minuten ziehen lassen. Mit einem Schaumlöffel herausnehmen, abtropfen lassen und auf Tellern anrichten. Mit Puderzucker bestreuen und zum Tee servieren.

Gekochter Mais mit Joghurt
Dalda-e Dschawari

500 g Maiskörner
1 große Zwiebel
3-4 EL Speiseöl
1 TL Currypulver
200 ml Brühe
1 Prise Kurkuma
rotes Paprikapulver

◆ Maiskörner mit einem feuchten Tuch abreiben und grob zerkleinern. In einem feuerfesten Topf mit 200 ml Wasser halb weich kochen, dabei ab und zu umrühren, damit die Masse nicht ansetzt. Die Zwiebel würfeln.
In einer Pfanne 1 bis 2 EL Öl erhitzen und die Zwiebel glasig dünsten. Mit Curry, Pfeffer und Salz würzig abschmecken, mit Brühe ablöschen. Zum Mais geben und gründlich vermengen. Den Topf in den auf 200° C vorgeheizten Ofen schieben und zugedeckt 30 bis 40 Minuten garen.
Den Mais auf einer vorgewärmten Servierplatte anrichten. In der Pfanne das restliche Öl erhitzen und Kurkuma andünsten. Die Maismasse damit beträufeln und mit Paprika bestreuen.
Beilagen: Joghurt und ein Qorma

◆ Mehl in eine Schüssel sieben, Hefe, Eier, die Hälfte der Minze und 2 TL Salz sorgfältig untermischen. Mit Joghurt kräftig zu einem festen Teig kneten und zugedeckt ein bis zwei Stunden gehen lassen.
Quark mit Knoblauch und etwas Milch zu einer dickflüssigen Creme verrühren. Mit Salz abschmecken.
Für die Sauce die Zwiebel würfeln. In einem Topf Öl erhitzen, Zwiebel und Knoblauch glasig dünsten. Beef zugeben und darin wenden. Tomatenmark unterrühren, mit Koriander, Nelken, Zimt und Salz würzig abschmecken. Mit Tomatensaft ablöschen und bei schwacher Hitze 10 bis 15 Minuten köcheln.
Den Teig dünn ausrollen und 3 mal 5 cm große Rechtecke ausschneiden. Mit Mehl bestreuen.
In einem großen Topf 1 l Salzwasser mit Öl zum Kochen bringen. Die Teigscheiben hineingeben und etwa 4 Minuten kochen. Herausnehmen und abtropfen lassen.
Zum Servieren die Hälfte der Quark-Creme auf eine vorgewärmte Platte streichen. Die Teigscheiben darauf anrichten, die Quark-Creme darauf verteilen und mit etwas Hackfleischsauce garnieren. Mit restlicher Minze und Paprika bestreuen. Restliche Hackfleischsauce getrennt dazu servieren.

Gekochte Teigscheibchen
Lakhtschak

für den Teig:
500 g Weizenmehl
1 Beutel Trockenhefe
3 Eier
2 EL getrocknete Minzeblätter
200 g Joghurt
2 EL Speiseöl
½ TL edelsüßes Paprikapulver

für die Quark-Creme:
250 g Sahnequark
1 TL zerdrückter Knoblauch
2-3 EL Milch

für die Hackfleischsauce:
1 große Zwiebel
1-2 EL Speiseöl
1 TL zerdrückter Knoblauch
500 g gehacktes Beef
1 EL Tomatenmark
2 TL gehackter frischer Koriander
½ TL Gewürznelkenpulver
½ TL gemahlener Zimt
2 Tassen Tomatensaft

Gekochter Weizen mit Quark
Dalda

250 g Sahnequark
3 Knoblauchzehen
500 g Weizenkörner
1 Zwiebel
1-2 EL Speiseöl
½ TL zerdrückter Knoblauch
1 TL gehackter frischer Koriander
200 ml klare Brühe
200 g Butter
rotes Paprikapulver

◆ Quark mit zerdrückten Knoblauchzehen und etwas Wasser zu einer dickflüssigen Creme verrühren. Mit Salz abschmecken.
Die Weizenkörner mit einem feuchten Tuch abreiben und grob zerkleinern. In einem feuerfesten Topf mit 200 ml Wasser kochen, bis der Weizen weich und die Flüssigkeit fast vollständig verkocht ist. Ab und zu umrühren, falls nötig, warmes Wasser zugießen.
Die Zwiebel würfeln. Öl erhitzen, Zwiebel und Knoblauch bräunen. Mit Koriander, Pfeffer und Salz würzen, mit Brühe ablöschen. Alles zum Weizen geben und gründlich vermengen. Den Topf in den auf 200° C vorgeheizten Ofen schieben und zugedeckt 30 bis 45 Minuten dämpfen.
Den Weizen auf einer vorgewärmten Servierplatte anrichten, in die Mitte eine kleine Schüssel stellen und zu zwei Drittel mit Quark-Creme füllen. In einer Pfanne Butter zerlassen und über die Quark-Creme gießen, mit Paprika bestreuen. Restliche Quark-Creme getrennt dazu reichen.

Variante
Quark-Creme und zerlassene Butter durch ein Qorma ersetzen.

Gekochtes Weizenmehl
Katschi

500 g Vollkornmehl
200 g Butterschmalz
Puderzucker

◆ In einem feuerfesten Topf 400 ml Wasser zum Kochen bringen. Mehl und 1 TL Salz vermischen, löffelweise hineinstreuen und ständig umrühren, bis die Flüssigkeit vom Mehl aufgesogen ist und eine weiche Masse entsteht. Den Topf auf dem Rost in den auf 200° C vorgeheizten Ofen schieben und zugedeckt 30 bis 45 Minuten dämpfen.
Die Masse auf einer vorgewärmten Servierplatte anrichten, in die Mitte eine Vertiefung drücken. Schmalz zerlassen und hineingießen. Mit Puderzucker bestreuen und heiß servieren.

Saucen

Quark-Fisch-Sauce
Lawang-e Mahi

◆ Den Fisch säubern, mit zerdrücktem Knoblauch, Pfeffer und Salz würzen, einwirken lassen. Die Zwiebel würfeln.
In einer Pfanne oder einem Wok reichlich Öl stark erhitzen und die Filets von beiden Seiten kurz anbraten, herausnehmen.
In einem Topf etwas Öl erhitzen und die Zwiebel glasig dünsten. Mit Tomatensaft ablöschen, mit Kurkuma, Koriander, Ingwer und Zimt würzen. Die Filets zugeben und dünsten, bis die Sauce eindickt.
Den Topf vom Herd nehmen, Quark unterrühren und 1 bis 2 Minuten leicht andünsten.

6 Fischfilets (je 200 g)
3 Knoblauchzehen
1 große Zwiebel
Speiseöl
150 ml Tomatensaft
½ TL Kurkuma
1 EL gehackter frischer Koriander
½ TL gemahlener Ingwer
½ TL gemahlener Zimt
250 g Speisequark

Joghurtsauce
Tschhatni Mast

◆ Joghurt, zerdrückten Knoblauch, Sojasauce und Zitronensaft zu einer Sauce verrühren. Koriander hacken, untermischen, mit Pfeffer und Salz abschmecken.
Diese feinsäuerliche Sauce unterstützt den Eigengeschmack bei Vorspeisen, Qorma, Kebabs, Teigwaren und Salaten. Sie wird zum Nachwürzen bei Tisch, als Dressing und Dip verwendet.

500 g Joghurt
3 Knoblauchzehen
2 TL Sojasauce
2 EL Zitronensaft
1 Bund Koriander

Knoblauchsauce
Tschatni-e Sir

◆ Den Knoblauch würfeln und 20 Minuten in Essig einlegen. Abtropfen lassen und mit Öl, Mandeln, weißem Pfeffer und 2 TL Salz im Mörser zerstoßen. Nach Belieben mit Zitronensaft verdünnen.

20 Knoblauchzehen
Weinessig
4 EL Olivenöl
150 g gemahlene Mandeln
2 TL weißer Pfeffer
50 ml Zitronensaft

Koriandersauce
Tschatni-e Gaschniz

3 Bund Koriander
1 große Zwiebel
4 Knoblauchzehen
2 Chilischoten
50 g Walnusskerne
100 g Rosinen
Essig

◆ Koriander hacken, Zwiebel reiben, Knoblauch zerdrücken. Chili waschen, längs halbieren, entkernen und fein würfeln. Alles mit Walnüssen, Rosinen, Pfeffer und Salz im Mixer zu einer Paste verarbeiten. Nach Belieben mit Essig verdünnen. Kühl aufbewahren.

Kräutersauce
Tschatni-e Masalahdar

1 EL Schnittlauch
1 EL Korianderblätter
1 EL Basilikum
1 EL Estragon
1 EL Dillspitzen
200 g Crème fraîche
einige Tropfen Sojasauce
Zitronensaft oder
  Kräuteressig

◆ Schnittlauch fein schneiden. Koriander, Basilikum, Estragon und Dill zermahlen. Alles mit Crème fraîche und Sojasauce verrühren. Nach Belieben mit Zitronensaft oder Essig verdünnen, mit Pfeffer und Salz abschmecken. Kühl aufbewahren.

Paprikasauce
Tschatni-e Mortsch

5 rote Paprikaschoten
3 Peperoni
5 Knoblauchzehen
1 EL Schwarzkümmel
100 g Rosinen
Kräuteressig

◆ Paprika und Peperoni halbieren und entkernen, das weiße Fruchtfleisch entfernen, die Schoten würfeln. Mit zerdrücktem Knoblauch, Schwarzkümmel und Rosinen im Mixer zu einer feinen Paste verarbeiten. Nach Belieben mit Essig verdünnen und salzen. Kühl aufbewahren.

◆ Alle Zutaten mit 2 bis 3 EL Wasser verrühren, mit Pfeffer und Salz abschmecken.

Quark-Dip
Tschaka-e Masaladar

250 g Magerquark
1 TL zerdrückter Knoblauch
1 EL Dillspitzen
1 Zitrone (Saft)

◆ Die Tomaten kurz in kochendes Wasser tauchen, häuten und fein würfeln. Schalotten fein würfeln. Chili waschen, längs halbieren, entkernen und fein würfeln.
Öl erhitzen und die Schalotten glasig dünsten. Tomaten zugeben und einkochen. Mit zerdrücktem Knoblauch, Sojasauce, einer Prise Zucker und Salz abschmecken. Chili, Walnüsse und Rosinen im Mörser zu einer Paste zerstoßen und zugeben. Koriander, Schwarzkümmel und Minze unterrühren und kurz dünsten. Falls nötig, etwas Wasser zugießen.
Kühl aufbewahren.

Tomatensauce
Tschatni-e Badendschan-e Rumi

300 g Tomaten
2-3 Schalotten
2 Chilischoten
2 EL Olivenöl
3 Knoblauchzehen
einige Tropfen Sojasauce
50 g Walnusskerne
150 g Rosinen
1 EL gehackter frischer Koriander
1 EL gemahlener Schwarzkümmel
1 EL getrocknete Minzeblätter

Walnusssauce
Tschatni-e Chaharmaghz

1 Chilischote
1 kleine Zwiebel
3 Knoblauchzehen
120 g Walnusskerne
250 g Sahnejoghurt
2 TL gemahlener
   Schwarzkümmel
3-4 EL frische
   Korianderblätter
2 EL Zitronensaft

◆ Chili waschen, längs halbieren, entkernen und fein würfeln. Die Zwiebel fein würfeln, Knoblauch und Walnüsse mit etwas Salz zerdrücken. Alles im Mörser zu einer Paste zerstoßen. Mit Salz abschmecken, Joghurt, Schwarzkümmel, Koriander und Zitronensaft unterrühren.
Im Kühlschrank aufbewahren.

Weintraubensauce
Tschatni-e Ghora-e Angur

500 g saure Weintrauben
200 g Walnusskerne
3 Knoblauchzehen
2 EL Rosinen

◆ Weintrauben verlesen, Walnusskerne hacken. Knoblauch zerdrücken. Alles mit den Rosinen im Mixer pürieren, pfeffern und salzen.
Im Kühlschrank aufbewahren.

Desserts

Gurke in Buttermilch
Dugh

◆ Gurke fein würfeln. In einer Schüssel mit Buttermilch, saurer Sahne und Zitronensaft verrühren. Mit Minze und Salz abschmecken. Kühl servieren.

Erfrischt und gleicht den Salzhaushalt des Körpers in der heißen Jahreszeit aus.

1 Salatgurke
1½ l Buttermilch
4-5 EL saure Sahne
2-3 EL Zitronensaft
1 EL getrocknete Minzeblätter

Joghurt mit Gurke
Dschan-e Amma

◆ Gurken würfeln. In einer Schüssel mit Joghurt, saurer Sahne und Zitronensaft verrühren. Zerdrückten Knoblauch, getrocknete Minze, Pfeffer und Salz unterrühren. Mit frischer Minze garniert servieren.

Eignet sich als Beilage zu vielen Gerichten sowie als Nachspeise in der heißen Jahreszeit.

3-4 kleine Gurken
4 Becher Joghurt
4 EL saure Sahne
2 EL Zitronensaft
2 Knoblauchzehen
1 EL getrocknete Minzeblätter
frische Minzeblätter

Joghurt mit Spinat
Sabzi ba Mast

◆ Den Spinat verlesen, grob hacken, waschen und abtropfen lassen.
In einem Topf Öl erhitzen und den Spinat dünsten, leicht pfeffern und salzen. Im offenen Topf köcheln, bis die Flüssigkeit fast vollständig verkocht ist.
Abkühlen lassen, Joghurt, Knoblauch und Minze zugeben. Als Vorspeise servieren.

1 kg Blattspinat
5 EL Olivenöl
500 g Sahnejoghurt
1 TL zerdrückter Knoblauch
1 EL getrocknete Minzeblätter

Joghurt mit Weintrauben
Dschan-e Khala

500 g Weintrauben ohne Kerne
500 g Sahnejoghurt
1 EL Zitronensaft
Zucker

◆ Weintrauben verlesen und grob würfeln. Joghurt unterrühren, mit Zitronensaft und Zucker abschmecken.

Eignet sich gut als Nachspeise in der heißen Jahreszeit.

▲ Gebackene Hackfleischtäschchen (siehe Seite 129).

▲ Kartoffel-Bagari (siehe Seite 91).

▲ Auberginen in Quark-Creme (siehe Seite 97).

▲ Reis in allen Variationen: Reis mit Berberitze und Safran (siehe Seite 57).

▲ Zwiebel-Hähnchenkeulenbraten (siehe Seite 114).

▲ Reismehlgebäck (siehe Seite 155).

▲ Ein Festessen unter usbekischen Frauen in Nord-Afghanistan.

▲ Zur Mahlzeit wird ein Tuch *(daslarkhwan)* auf dem Boden ausgebreitet; darauf werden verschiedene Speisen, Brot, eingelegtes Gemüse, Salat und Joghurt angerichtet.

Festliche Delikatessen

Frittierter Rhabarber
Pakaura-e Rawasch

◆ Den Rhabarber schälen, in 4 bis 5 cm lange Stücke schneiden und mit Salz bestreuen. 10 bis 15 Minuten einwirken lassen und mit Küchenpapier abtupfen.
Weizenmehl, Kichererbsenmehl, Curry, Pfeffer und Salz mit Joghurt zu einem cremigen Brei verrühren, 10 bis 15 Minuten ruhen lassen.
In einer tiefen Pfanne reichlich Öl erhitzen. Den Rhabarber einzeln in den Mehlbrei tauchen und im heißen Öl schwimmend goldgelb frittieren. Mit einem Schaumlöffel herausnehmen und auf Küchenpapier abtropfen lassen.
Warm als Vorspeise servieren.

5 Stangen Rhabarber
30 g Weizenmehl
150 g Kichererbsenmehl
½ TL Currypulver
150 g Joghurt
Speiseöl zum Frittieren

Frittierter Frischkäse
Pakaura-e Panir

◆ Den Käse in 1 cm dicke Scheiben schneiden, eventuell mit Salz bestreuen.
Weizenmehl, Kichererbsenmehl, Curry, Kurkuma, Pfeffer, Salz mit Joghurt zu einem cremigen Brei verrühren, 10 bis 15 Minuten ruhen lassen.
In einer tiefen Pfanne reichlich Öl erhitzen. Die Käsescheiben einzeln in den Mehlbrei tauchen und im heißen Öl schwimmend goldgelb frittieren. Mit einem Schaumlöffel herausnehmen und auf Küchenpapier abtropfen lassen.
Warm als Vorspeise servieren.

300 Frischkäse (Seite 149), Weiß- oder Ziegenkäse (kein Schmelzkäse)
30 g Weizenmehl
150 g Kichererbsenmehl
½ TL Currypulver
1 Prise Kurkuma
150 g Joghurt
Speiseöl zum Frittieren

Frittiertes Fischfilet
Pakaura-e Mahi

◆ Den Fisch in 3 mal 5 cm große, dünne Scheiben schneiden und mit Knoblauch, Pfeffer und Salz würzen. Mit Zitronensaft beträufeln und 30 Minuten einwirken lassen.
Weizenmehl, Kichererbsenmehl, Curry, Kurkuma, Pfeffer, Salz mit Joghurt zu einem cremigen Brei verrühren, 10 bis 15 Minuten ruhen lassen.
In einer tiefen Pfanne reichlich Öl erhitzen. Die Fischscheiben einzeln in den Mehlbrei tauchen und im heißen Öl schwimmend goldgelb frittieren. Mit einem Schaumlöffel herausnehmen und auf Küchenpapier abtropfen lassen. Eventuell nachsalzen und knusprig als Vorspeise servieren.
Beilage: Paprikasauce (Seite 138)

500 g Fischfilet
2 TL zerdrückter Knoblauch
Zitronensaft
30 g Weizenmehl
150 g Kichererbsenmehl
½ TL Currypulver
1 Prise Kurkuma
150 g Joghurt
Speiseöl zum Frittieren

Bratfisch und Teigschnecke in Sirup
Mahi wa Dschelabi

200 g Weizenmehl
20 g Reismehl
200 g Joghurt
½ TL Backpulver
200 g Zucker
⅓ TL Safran
1 EL Rosenwasser
1 EL Zitronensaft
Speiseöl
8 Fischfilets (je 200 g)
Knoblauchzehen
2 EL gehackter frischer
  Koriander
2 TL gemahlener Zimt
Chilipulver
Fladenbrote

◆ Mehl und Joghurt gut verrühren. Mit Backpulver, einer Prise Salz und etwas Wasser zu einem flüssigen Brei verrühren und ein bis zwei Stunden ruhen lassen.
Währenddessen in einem Topf Zucker und 200 ml Wasser zum Kochen bringen und entschäumen. Safran, Rosenwasser und Zitronensaft zugeben, alles zu einem Sirup aufkochen und abkühlen lassen.
Öl 2 cm hoch in eine große Pfanne gießen und stark erhitzen. Den Brei in eine Teigspritze (Ansatzdurchmesser 5 bis 6 mm) füllen und in das Öl spritzen – fünf kreisförmige und eine quer darüber verlaufende Bewegung –, so dass eine große Schnecke entsteht. Von beiden Seiten goldgelb frittieren. Mit dem restlichen Teig auf gleiche Weise verfahren.
Die Schnecken mit einem Spieß herausnehmen, kurz abtropfen lassen, in den Sirup tauchen und auf dem Küchenrost nochmals abtropfen lassen.
Die Fischfilets reichlich mit zerdrücktem Knoblauch und Salz einreiben. Koriander, Zimt, 2 TL Pfeffer und Salz vermischen, den Fisch darin wenden und 10 bis 15 Minuten einwirken lassen.
In einem Wok Öl stark erhitzen und den Fisch 3 bis 5 Minuten anbraten. Auf Küchenpapier abtropfen lassen und mit Chili abschmecken. Heiß zwischen zwei Fladenbrote legen und die Schnecken dazu servieren.

Cremepudding mit Pistazien und Kardamom
Ferni

Milch
200 g Schlagsahne
200 g Zucker
70 g Speisestärke
2 EL Rosenwasser
1 TL Kardamompulver
2 TL gemahlene Pistazien

◆ In einem Topf 1 l Milch, Schlagsahne und Zucker verrühren, zum Kochen bringen, dann die Hitze verringern. Speisestärke in ½ Tasse Milch verrühren und zugießen. Mit dem Schneebesen rühren, bis ein dünner Brei entsteht.
Mit Rosenwasser abschmecken und auf einen tiefen Teller gießen. Mit Kardamom und Pistazien bestreuen, abkühlen lassen.
Als Nachspeise oder zum Tee servieren.

Frischkäse mit Rosinen
Keschmesch Panir

2 l Milch
1 Becher saure Sahne
300 g Joghurt
2 EL Zitronensaft
500 g Rosinen

◆ In einem großen Topf Milch und saure Sahne verrühren und zum Kochen bringen. Sobald die Milch aufsteigt, Joghurt und Zitronensaft zugießen, umrühren und die Hitze reduzieren – dabei trennt sich die Molke von der Käsemasse.
Ein Sieb mit Mull- oder Leinentuch in eine Schüssel hängen, Käsemasse und Molke hineingießen und ein bis zwei Stunden abtropfen lassen.
Den Frischkäse aus dem Tuch nehmen und würfeln. Mit Rosinen zum Tee servieren.
Im Kühlschrank zwei bis drei Tage haltbar.

Frittierte Eier in Sirup
Abreschom Kabab

250 g Zucker
1 TL Kardamompulver
1 EL Essig
⅓ TL Safran
2 EL Rosenwasser
15 Eier
Speiseöl

◆ In einem Topf Zucker und 200 ml Wasser zum Kochen bringen und entschäumen. Kardamom, Essig, Safran und Rosenwasser zugeben und alles zu seinem Sirup aufkochen. Warm stellen.
In einer Schüssel Eier mit einer Prise Salz schlagen – nicht schaumig. In einem flachen Kupferteller Öl erhitzen und die Schüssel dicht daneben stellen. Die Finger der linken Hand in die Eimasse tauchen und schnell über dem heißen Öl hin und her bewegen, so dass die Masse in dünnen langen Fäden ins Öl gleitet. Diesen Vorgang mehrmals wiederholen und gleichzeitig die gebratenen Eierfäden um einen Spieß drehen, bis eine 3 bis 4 cm dicke und etwa 20 cm lange Rolle entsteht. Den Spieß entfernen, die Rolle mit dem Sirup übergießen und abtropfen lassen. Mit der restlichen Eimasse auf gleiche Weise verfahren.
Die Rollen auf einer Platte anrichten. Als Nachspeise mit Tee servieren.

Milchkonfekt mit Pistazien
Schirpera

300 g Zucker
200 g Milchpulver
50 g gemahlene Mandeln
50 g gemahlene Pistazien
Kardamompulver

◆ In einem Topf Zucker und 200 ml Wasser zum Kochen bringen und entschäumen. Milchpulver, Mandeln und Pistazien gründlich vermischen. Den Topf vom Herd nehmen und die Mischung unterrühren. Den Sirup auf eine mit Butter eingefettete Platte geben, mit Kardamom würzen und abkühlen lassen.
Mit einem scharfen Messer in mundgerechte Stücke schneiden. Zum Tee oder als Nascherei servieren.

Teigkonfekt mit Nussfüllung
Baghlawa

400 g Zucker
2 EL Rosenwasser
2 EL Essig
1½ TL Kardamompulver
250 g gehackte Walnusskerne
200 g gehackte Pistazien
1 Packung Blätterteig (tiefgekühlt)
Öl

◆ In einem Topf Zucker mit 150 ml Wasser, Rosenwasser und Essig unter Rühren zu einem Sirup aufkochen. ½ TL Kardamom unterrühren und warm stellen.
Walnüsse, Pistazien und restlichen Kardamom gut vermischen und zur Seite stellen.
Den Blätterteig auftauen. Sechs Teigscheiben hauchdünn ausrollen und mit Öl bestreichen. Drei Scheiben übereinander auf ein eingefettetes Blech legen, die Nussfüllung darauf geben, mit den restlichen Scheiben bedecken und mit Eigelb bestreichen. Mit einem angefeuchteten Messer in 3 mal 5 cm große Stücke schneiden und im auf 180° C vorgeheizten Ofen auf mittlerer Schiene goldbraun backen.
Das Konfekt auf dem Küchenrost anrichten und mit Sirup übergießen. Überschüssigen Sirup abtropfen lassen. Das Konfekt auf einem Teller anrichten, mit Pistazien bestreuen und zum Tee servieren.

Walnuss-Maulbeeren-Konfekt
Tschukida

500 getrocknete Maulbeeren
250 g Walnusskerne
2 TL Kardamompulver

◆ Maulbeeren und Walnüsse in einem Steinmörser zerstoßen, bis sich die Masse mit dem Walnussöl verbindet. Mit Kardamom und 1 EL Wasser vermischen. Die Masse etwa 2 cm dick auf eine Holz- oder Servierplatte streichen. Mit einem Messer in Quadrate, Rechtecke oder Rauten schneiden.
Walnuss-Maulbeeren-Konfekt wird im Winter zum Tee serviert.

Gebäck und Konfekt

◆ Mehl in eine Rührschüssel sieben, Butter, Zucker, Eier, Kardamom und eine Prise Salz sorgfältig untermischen. Die zerbröckelte Hefe in warmer Milch auflösen, zugeben und alles zu einem festen Teig kneten – falls nötig, warmes Wasser zugießen. An einem warmen Ort ein bis zwei Stunden gehen lassen.
Walnussgroße Stücke Teig auf der Rückseite eines Siebes mit den Fingerspitzen flach drücken und wie eine Muschel ausrollen.
In einer Fritteuse Öl stark erhitzen und den Teig goldbraun frittieren. Mit einem Schaumlöffel herausnehmen und abtropfen lassen.
Zum Tee oder als Näscherei servieren.

Frittiertes Gebäck I
Khadjur

400 g Weizenmehl
200 g zerlassene Butter
250 g Zucker
2 Eier
2 TL Kardamompulver
1 Würfel frische Hefe
100 ml Milch
Speiseöl zum Frittieren

◆ In einer Schüssel Eier mit Zucker und ½ TL Salz vermischen. Butter und Milch einrühren. Mehl mit Backpulver darauf sieben und zu einem glatten Teig kneten. Falls nötig, weiteres Mehl zugeben. Mit einem Tuch bedeckt etwa 30 Minuten gehen lassen.
Walnussgroße Stücke Teig auf einer bemehlten Fläche zu hauchdünnen Kreisen ausrollen. Den Teig auf einer Seite hochnehmen, mit Daumen und Zeigefinger zusammendrücken, so dass er die Form eines Elefantenohrs erhält. Auf ein Tuch legen und bedecken.
In einer großen Pfanne reichlich Öl erhitzen, die Teigstücke einzeln hineingeben und kurz von beiden Seiten goldgelb und knusprig frittieren. Auf Küchenpapier abtropfen lassen, mit Puderzucker, Pistazien und Kardamom bestreuen.
Zum Tee servieren.

Frittiertes Gebäck II
Gosch-e Fil

2 Eier
1 EL Zucker
2 EL zerlassene Butter
2-3 EL Milch
200 g Weizenmehl
1 TL Backpulver
Speiseöl zum Frittieren
Puderzucker
gemahlene Pistazien
Kardamompulver

Gebäck mit Schwarzkümmel
Rot

500 g Weizenmehl
1 EL Backpulver
300 g Zucker
1 EL Kardamompulver
200 g zerlassene Butter
100 ml Milch
2 Eigelb
Schwarzkümmel oder weißer Mohn

◆ Mehl in eine Schüssel sieben, Backpulver, Zucker, Kardamom und 1 TL Salz sorgfältig untermischen. Mit Butter und Milch zu einem mittelfesten Teig kneten und zugedeckt eine Stunde gehen lassen.
Den Teig erneut kräftig kneten, drei Kugeln formen und fingerdick ausrollen. In die Oberfläche mit einer Gabel Muster stechen. Mit Eigelb bestreichen, mit Schwarzkümmel oder Mohn bestreuen. Zugedeckt 10 Minuten ruhen lassen.
Ein Blech einfetten und das Gebäck darauf legen. Im auf 200° C vorgeheizten Ofen auf mittlerer Schiene 20 bis 30 Minuten goldbraun backen.
Mit einem scharfen Messer in Stücke schneiden.
Zum Frühstück oder Kaffee servieren.

Gebackene Mehlkonfekttaschen
Sambosa-e Schirin

Mehlkonfekt wie Seite 157

1 Packung Blätterteig (tiefgekühlt)
2 Eigelb

◆ Das Mehlkonfekt zubereiten.
Den Blätterteig auftauen. Die Scheiben etwas dünner ausrollen und 6 mal 8 cm große Rechtecke ausschneiden. Je 1 EL Mehlkonfekt darauf verteilen, zusammenklappen und die längeren Ränder fest andrücken. Mit Eigelb bestreichen und auf ein mit Backpapier ausgelegtes Blech legen. Im auf 150° C vorgeheizten Ofen auf mittlerer Schiene etwa 10 Minuten goldgelb backen.
Zu Tee oder Kaffee servieren.

Maismehlgebäck
Koltscha-e Dschawari

500 g feines Maismehl
230 g Zucker
2 TL Kardamompulver
200 g zerlassene Butter
2 Würfel frische Hefe
400 ml warme Milch

◆ Maismehl in eine Rührschüssel sieben, Zucker, Kardamom, Butter und eine Prise Salz sorgfältig untermischen. Die zerbröckelte Hefe in warmer Milch auflösen, zugeben und alles mit der Küchenmaschine zu einer weichen Masse verrühren. An einem warmen Ort zugedeckt ein bis zwei Stunden gehen lassen.
Die Masse sorgfältig umrühren, auf ein Blech gießen und im auf 200° C vorgeheizten Ofen auf mittlerer Schiene goldgelb backen.
Abkühlen lassen und in Stücke schneiden. Zum Frühstück oder mit Tee servieren.

Reismehlgebäck
Koltscha-e Berendschii
»Koltscha-e Naurozi«

Reismehlgebäck wird traditionell am ersten Tag des Frühlings, dem afghanischen Neujahrsfest, mit Tee serviert.

◆ Den Zucker in Butter und Milch auflösen. Grieß und Eiweiß gut vermengen. Reismehl und Backpulver darauf sieben und gründlich umrühren. Mit der Butter-Zucker-Lösung vermengen. 3 EL der Masse zu einer Kugel formen und auf ein mit Backpapier ausgelegtes Blech geben. Zu etwa 7 cm großen Kreisen flach drücken. Mit der Messerspitze Quadrate auf die Oberfläche ritzen, eine Mandel in die Mitte drücken. Im auf 150° C vorgeheizten Ofen auf mittlerer Schiene 10 bis 15 Minuten backen.

300 g Zucker
200 g zerlassene Butter
3-4 EL warme Milch
100 g Grieß
2 Eiweiß
300 g Reismehl
1 TL Backpulver
Mandeln

Salzige Plätzchen
Koltscha-e Namaki

◆ Den Hefeteig auftauen, kräftig kneten, acht bis zehn Kugeln formen. Etwa 15 Minuten ruhen lassen.
Die Kugeln etwa 2 cm dick ausrollen. In die Oberfläche – bis auf einen 1 cm breiten Rand – mit einer Gabel Muster stechen. Mit Eigelb bestreichen, mit Schwarzkümmel oder Mohn bestreuen. Auf ein mit Backpapier ausgelegtes Blech legen und im auf 200° C vorgeheizten Ofen auf mittlerer Schiene etwa 20 Minuten goldbraun backen.
Zum Tee servieren.

1 Packung Hefeteig
   (tiefgekühlt)
Eigelb
Schwarzkümmel oder
   weißer Mohn

Grießkonfekt
Halwa-e Ard-e Surji

◆ In einem feuerfesten Topf Öl erhitzen und den Grieß unter ständigem Rühren zu einer braunen Masse werden lassen. Den Zucker in 400 ml warmem Wasser auflösen. Den Grieß damit ablöschen und ständig rühren, bis die Masse körnig wird und sich vom Boden des Topfes löst. Safran in einer Prise Zucker zerstoßen und mit Kardamom zugeben. Mit Rosenwasser beträufeln. Im auf 150° C vorgeheizten Ofen zugedeckt etwa 30 Minuten dämpfen.
Warm oder kalt zum Tee servieren.

2-3 EL Pflanzenöl
200 g Weizengrieß
150 g Zucker
⅓ TL Safranfäden
2 TL Kardamompulver
2 EL Rosenwasser

Süße Plätzchen
Koltscha-e Schirin

500 g Weizenmehl
250 g Zucker
2 TL Kardamompulver
2 Würfel frische Hefe
200 g Butter
200 ml Milch
4 EL Joghurt
2 Eier
Eigelb
Schwarzkümmel oder
   weißer Mohn

◆ Mehl in eine Rührschüssel sieben, Zucker, Kardamom und eine Prise Salz sorgfältig untermischen. Die zerbröckelte Hefe mit Butter in warmer Milch auflösen, mit Joghurt und Eiern verrühren und zugeben. Alles zu einem mittelfesten Teig kneten, falls nötig, warmes Wasser zugießen. An einem warmen Ort zugedeckt gehen lassen.
Den Teig erneut kneten, fünf bis sechs Kugeln formen und etwa 2 cm dick ausrollen. In die Oberfläche – bis auf einen 1 cm breiten Rand – mit einem Teelöffel halbkreisförmige Muster drücken. Mit Eigelb bestreichen, mit Schwarzkümmel oder Mohn bestreuen. Auf ein mit Backpapier ausgelegtes Blech legen und im auf 200° C vorgeheizten Ofen auf mittlerer Schiene 15 bis 20 Minuten goldbraun backen.
Zum Tee servieren.

Süßbrotkonfekt
Malida

400 g Weizenmehl
1 Päckchen Trockenhefe
350 g Zucker
300 g Butter
100 ml warme Milch
4 EL Joghurt
1 EL Kardamompulver
3 EL Rosenwasser

Malida wird traditionell bei der Hochzeitszeremonie oder als religiöse Speise »zur Erfüllung der guten Wünsche« verzehrt.

◆ Mehl in eine Schüssel sieben, Hefe, 150 g Zucker und 1 TL Salz sorgfältig untermischen. Mit 150 g zerlassener Butter, Milch und Joghurt zu einem festen Teig kneten und an einem warmen Ort zugedeckt gehen lassen.
Den Teig erneut kräftig kneten, drei gleich große Kugeln formen und etwa fingerdick ausrollen. Auf ein Blech legen und im auf 200° C vorgeheizten Ofen auf mittlerer Schiene backen.
Das Gebäck in warmem Zustand fein zerkrümeln. Restliche Butter zerlassen und über die Krümel gießen. Restlichen Zucker, Kardamom und Rosenwasser gründlich vermengen und alles auf einer Servierplatte anrichten.

Da in Afghanistan der Winter sehr kalt ist, brauchen die Menschen kräftige Nahrung. Deshalb wird Mehl-Fleisch-Konfekt zum Frühstück gegessen. Schon vor Sonnenaufgang wird es frisch zubereitet und in entsprechenden Läden zum Verkauf angeboten.

◆ Das Huhn putzen, waschen und zerlegen. In einem großen Schmortopf mit 1 l Wasser und 1 TL Salz zum Kochen bringen, dabei den Schaum abschöpfen. Das Fleisch gar kochen. Währenddessen den Reis waschen und abtropfen lassen.
Die Knochen entfernen. Weizenkörner und Reis unter Rühren zum Fleisch geben und kochen, bis alles weich ist.
Im Mixer pürieren und zurück in den Topf gießen. Ohne Deckel dünsten, bis eine weiche Masse entsteht; dabei ständig umrühren, damit sie nicht ansetzt.
In einen feuerfesten Topf geben und mit Kardamom bestreuen. Auf dem Rost in den auf 150° C vorgeheizten Ofen schieben und zugedeckt etwa eine Stunde dämpfen.
Die Masse auf einer vorgewärmten Servierplatte anrichten und in die Mitte eine Vertiefung drücken. Butter zerlassen und hineingießen, mit etwas Zimt bestreuen.
Beilagen: Fladenbrot und Puderzucker

Mehl-Fleisch-Konfekt
Halim

1 Suppenhuhn
200 g Dickreis
200 g Weizenkörner
Kardamompulver
250 g Butter
gemahlener Zimt

◆ In einem feuerfesten Topf Butter zerlassen, Mehl hineinstreuen und bei mittlerer Hitze unter ständigem Rühren hellbraun werden lassen. Safran in einer Prise Zucker zerstoßen und mit dem restlichen Zucker in ½ l warmem Wasser auflösen. Unter Rühren zugießen, bis sich die Masse vom Boden des Topfes löst. Kardamom untermengen, mit Rosenwasser beträufeln. Den Topf auf dem Rost in den auf 150° C vorgeheizten Ofen schieben und zugedeckt etwa eine Stunde dämpfen.
Auf einer Platte anrichten und zum Frühstück oder zum Tee servieren.
Beilage: frittiertes Fladenbrot (Seite 162)

Mehlkonfekt
Halwa

200 g Butter
250 g Weizenmehl
½ TL Safranfäden
200 g Zucker
2 TL Kardamompulver
2-3 EL Rosenwasser

Reismehlkonfekt
Halwa-e Ard-e Berendsch

200 g Butter
200 g Reismehl
½ TL Safran
200 g Zucker
2 TL Kardamompulver
50 g Mandelstifte
50 g blanchierte Pistazien

◆ In einem feuerfesten Topf Butter zerlassen und das Reismehl unter Wenden etwa 5 Minuten anschwitzen. Safran und Zucker in 400 ml warmem Wasser auflösen, damit die Masse ablöschen. Ständig rühren und wenden, bis sich die Masse vom Boden des Topfes löst. Kardamom, Mandelstifte und Pistazien untermengen. Den Topf auf dem Rost in den auf 150° C vorgeheizten Ofen schieben und zugedeckt etwa eine Stunde überbacken. Zum Tee oder als Konfekt servieren.

Mohrrübenkonfekt
Halwa-e Zardak

500 g Möhren
100 g Butter
200 ml Vollmilch
5-6 EL Honig
50 g Rosinen
50 g Mandelsplitter
⅓ TL Safranfäden
Zucker
1 TL Kardamompulver
gemahlene Pistazien

◆ Möhren schaben und raspeln, den Saft auffangen. In einem Topf Butter zerlassen und die Möhren anschwitzen. Mit Möhrensaft und Vollmilch ablöschen. Bei mittlerer Hitze Honig, Rosinen und Mandelsplitter unterrühren. Unter ständigem Rühren aufkochen, bis die Flüssigkeit verdunstet ist. Safran in einer Prise Zucker zerstoßen und mit Kardamom zugeben. Weiterrühren, bis sich die Masse vom Boden des Topfes löst. 2 bis 3 cm dick glatt auf eine Platte streichen, mit Pistazien bestreuen und abkühlen lassen.
Mit einem Messer in Rauten oder Rechtecke schneiden. Zu Tee, Kaffee oder als Konfekt reichen.

Honig-Nuss-Konfekt
Halwah-e Swanak

150 g Honig
150 g Zucker
1-2 EL Pflanzenöl
200 g Mehl
50 g grob gehackte Walnüsse
50 g Pistazien

◆ In einer heißen Pfanne Honig und Zucker bei mittlerer bis starker Hitze unter Rühren goldbraun schmelzen, bis sich Schaum bildet. Vorsichtig Öl zugießen und gut verrühren. Die Hitze reduzieren, Mehl hineinstreuen und unter schnellem und kräftigem Rühren etwas bräunen. Walnüsse und Pistazien unterrühren. Die Masse auf eine eingeölte Marmorplatte gießen und etwas abkühlen lassen. Etwa 5 mm dünn ausrollen und mit einem Messer oder Spachtel in kleine Recht- oder Dreiecke schneiden.
Zum Tee servieren.

Fladenbrote

In Afghanistan wird Fladenbrot seit jeher in einem speziellen Ofen, dem Tanur, gebacken. Dieser traditionelle Lehmofen wird in den Fußboden eines Raumes gegraben und mit Holz beheizt. Rezeptur und Teigführung für Fladenbrot weichen von denen für herkömmliche Weißbrote ab. Nach dem Ruhen werden die Teigstücke rund geknetet und nach einem Zwischengaren zu Fladen ausgewalzt. Der Fladenteig wird sparsam mit Sesam, Mohn oder Schwarzkümmel bestreut, auf ein Kissen gelegt, an die glühend heiße Wand des Tanurs gedrückt und goldbraun gebacken. Den genauen Zeitpunkt abzuschätzen, wann das Brot herausgenommen werden muss, ist eine Kunst für sich. Heutzutage wird das Brot im Backofen zubereitet.

◆ Mehl in eine Schüssel sieben, Backpulver, Öl und 1 EL Salz sorgfältig untermischen. Nach und nach 100 ml warmes Wasser zugießen und alles 15 bis 20 Minuten zu einem weichen Teig kneten. Zugedeckt eine Stunde ruhen lassen – je länger der Teig ruht, desto weicher wird das Brot.
Aus dem Teig kleine Bällchen formen und zu dünnen Kreisen ausrollen. In einer großen Pfanne Öl erhitzen und die Fladen bei mittlerer Hitze von beiden Seiten goldgelb backen.
Warm servieren.

Fladenbrot
Nan-e Tschapati

300 g Weizenmehl
200 g Roggenmehl
2 TL Backpulver
2 EL Pflanzenöl

◆ Mehl mit 1 EL Salz in eine Rührschüssel sieben und eine Vertiefung hineindrücken. Den Sauerteig in der Hälfte der warmen Milch auflösen, in die Vertiefung geben und von der Mitte her einrühren. Alles 15 Minuten zu einem elastischen Teig kneten, dabei nach und nach die restliche Milch zugießen. An einem warmen Ort zugedeckt gehen lassen.
Den Teig erneut gründlich kneten, vier gleich große Kugeln formen, etwa 10 Minuten ruhen lassen. Die Kugeln etwa 1 cm dick ausrollen, den Fladen in der Mitte mit einem Dornstempel zwei- bis dreimal einstechen und auf ein Blech legen. Mit Eigelb bestreichen und mit etwas Schwarzkümmel bestreuen. Im auf 250° C vorgeheizten Ofen auf mittlerer Schiene goldgelb backen.

Fladenbrot nach Art der Usbeken
Nan-e Ozbaki

200 g Vollkornmehl
350 g Weizenmehl
150 g Sauerteig
100 ml warme Milch
1 Eigelb
Schwarzkümmel

Frittiertes Fladenbrot
Parata

200 g Weizenmehl
2 TL Backpulver
2 EL Butter
150 g Joghurt
Milch
Öl

◆ Mehl in eine Schüssel sieben, Backpulver, Butter und 1 EL Salz sorgfältig untermischen. Mit Joghurt zu einem elastischen Teig kneten, nach und nach Milch zugießen, zugedeckt zwei Stunden ruhen lassen.
Mit eingeölten Handflächen golfballgroße Kugeln formen und dünn ausrollen. Mit Öl einpinseln, länglich zusammenrollen, zu einer Schnecke drehen und erneut zusammendrücken. Diese Schritte mehrmals wiederholen. Zuletzt den Teig dünn ausrollen, mit den Händen hin- und herwerfen, damit er noch dünner wird. In heißem Öl goldgelb frittieren und abtropfen lassen.
Beilage: Mehlkonfekt (Seite 157)

Butterschmalz-Fladenbrot
Nan-e Khassa-e Roghani

200 g Vollkornmehl
300 g Weizenmehl
1 Würfel frische Hefe
150 g Butterschmalz
Schwarzkümmel

◆ Mehl mit 1 EL Salz in eine Rührschüssel sieben und eine Vertiefung hineindrücken. Die zerbröckelte Hefe in 100 ml warmem Wasser auflösen, in die Vertiefung geben und von der Mitte her einrühren. Alles 20 Minuten zu einem elastischen Teig kneten, dabei nach und nach warmes Wasser zugießen. An einem warmen Ort zugedeckt gehen lassen.
Den Teig mit Schmalz kneten, bis er das Schmalz aufgenommen hat. Vier gleich große Kugeln formen, 10 bis 15 Minuten ruhen lassen.
Die Kugeln mit der Hand flach drücken, in der Mitte mehr als am Rand. Die Fladen auf ein Blech legen, mit einem Dornstempel einstechen, mit etwas Schwarzkümmel bestreuen. Im auf 250° C vorgeheizten Ofen auf mittlerer Schiene 10 bis 12 Minuten backen.
Sofort nach dem Herausnehmen mit Wasser besprühen, damit das Brot schön glänzt.

Variante
Das Brot kann auch ohne Schmalz zubereitet werden.

◆ Das Fett würfeln. In einem Topf bei starker Hitze schmelzen, bis die Fettwürfel leicht gebräunt sind. Mit einem Schaumlöffel herausnehmen, auf Küchenpapier abtropfen und abkühlen lassen, klein hacken.
Mehl mit 1 EL Salz auf eine Platte sieben und eine Vertiefung hineindrücken. Die zerbröckelte Hefe in 2 bis 3 EL warmem Wasser auflösen, in die Vertiefung geben und von der Mitte her einrühren. Alles 20 Minuten zu einem elastischen Teig kneten, dabei nach und nach 2 bis 3 EL warmes Wasser zugießen. An einem warmen Ort zugedeckt gehen lassen, bis sich das Volumen verdoppelt hat.
Mit den gehackten Fettwürfeln gründlich kneten, vier Kugeln formen und etwa 1 cm dick ausrollen. Im auf 250° C vorgeheizten Ofen auf mittlerer Schiene backen.

Lammschwanzfett-Fladenbrot
Nan-e Dschedscheqi

500 g Lammschwanzfett
400 g Vollkornmehl
100 g frische Hefe

◆ Mehl mit 1 EL Salz auf eine Platte sieben und eine Vertiefung hineindrücken. Die zerbröckelte Hefe in 100 ml warmem Wasser auflösen, in die Vertiefung geben und von der Mitte her einrühren. Alles 20 Minuten zu einem elastischen Teig kneten, dabei nach und nach warmes Wasser zugießen. An einem warmen Ort zugedeckt gehen lassen, bis sich das Volumen verdoppelt hat.
Den Teig erneut gründlich kneten, vier Kugeln formen und auf einer bemehlten Fläche etwa ½ cm dick ausrollen.
Eine große, flache Pfanne auf mittlere Hitze bringen, mit Fett leicht einreiben. Die Fladen mit den Handflächen etwas drücken, damit sie sich weiter ausdehnen. In die Pfanne geben und von beiden Seiten goldgelb backen.

Pfannenbrot
Nan-e Tawagi

200 g Vollkornmehl
300 g Weizenmehl
2 Würfel frische Hefe
Schmalz oder Butterschmalz

Walnuss-Fladenbrot
Nan-e Chaharmaghzi

400 g Vollkornmehl
25 g Hefe
500 g Walnusskerne
warme Milch

◆ Mehl in eine Rührschüssel sieben, 1 EL Salz beifügen. Die zerbröckelte Hefe in 100 ml warmem Wasser auflösen, zugeben und alles 15 bis 20 Minuten zu einem glatten Teig kneten. An einem warmen Ort zugedeckt gehen lassen.
Walnusskerne hacken und zugeben. Den Teig kräftig kneten und auf einem Blech 2 cm dick ausrollen. Im auf 250° C vorgeheizten Ofen etwa 20 Minuten backen.
Das Brot auf dem Blech mit so viel Milch begießen, wie das Brot aufnehmen kann. Mit einem scharfen Messer in rechteckige oder quadratische Stücke schneiden. Warm zum Tee servieren.

Eingelegtes

Eingelegte Gemüse heißen in Afghanistan Torschi. Frische Gemüse und verschiedene Gewürze werden in Essig oder Zitronensaft eingelegt und erhalten dadurch einen säuerlichen und würzigen Geschmack. Die aromatischen Düfte des Torschis regen den Appetit an. Sie passen hervorragend als Beilage zu Suppen, Reisgerichten, Fleisch- sowie Gemüsesaucen, Fleischbraten, Kebabs, Nudeln und Salzkartoffeln.

Eingelegte Auberginen
Torschi-e Badendschan

10 kleine, dünne Auberginen
Essig
1 Knoblauchknolle
2 EL getrocknete Minzeblätter
2 EL getrocknete Korianderblätter
2 EL Paprikapulver
1 EL Schwarzkümmel
1 TL Pfefferkörner
15 Knoblauchzehen

◆ Die Auberginen längs so halbieren, dass die Hälften noch mit dem Stielansatz verbunden sind. In 1 bis 2 l Essig halb gar kochen. Abtropfen lassen, zwischen zwei Holzbrettchen legen und mit einem Gewicht beschweren, um das Wasser herauszupressen.
Die Zehen der Knoblauchknolle mit Minze, Koriander, Paprika, Schwarzkümmel, Pfefferkörnern, 2 TL Salz und etwas Essig im Mörser zu einer Paste zerstoßen. Die 15 Knoblauchzehen länglich halbieren.
Die Schnittflächen der Auberginen mit der Paste bestreichen und mit drei Knoblauchhälften belegen. Zusammenklappen und in ein verschließbares Glas schichten. Die restliche Paste darüber geben und mit Essig bedecken. Verschlossen zwei bis drei Wochen gären lassen.
Im Kühlschrank aufbewahren.

Eingelegte Möhren
Torschi-e Zardak

500 g junge Möhren
1-2 l Weinessig
4 Chilischoten
1 Knoblauchknolle
1 EL Schwarzkümmel
1 EL Gewürznelken

◆ Möhren schaben, in große Stücke würfeln und in Essig halb weich kochen. Abtropfen und abkühlen lassen. Chili waschen, längs halbieren und entkernen. Mit Knoblauchzehen, Schwarzkümmel, Nelken und Salz würzen. In ein verschließbares Glas schichten und mit Essig bedecken. Verschlossen einige Tage ziehen lassen.
Im Kühlschrank aufbewahren.

Eingelegte Kohlrüben
Torschi-e Schalgham

500 g kleine Kohlrüben
1 l Kräuteressig
3 grüne Paprikaschoten
5 Peperoni
1 EL Schwarzkümmel

◆ Rüben putzen und in Essig halb weich kochen. Abtropfen und abkühlen lassen. Die Paprika halbieren und entkernen, das weiße Fruchtfleisch entfernen, die Schoten würfeln. Peperoni klein schneiden. Alles mit Schwarzkümmel und etwas Salz vermengen. In ein verschließbares Glas schichten und mit Essig bedecken. Verschlossen einige Tage gären lassen.
Im Kühlschrank aufbewahren.

Eingelegter Knoblauch
Torschi-e Sir

500 g Knoblauchzehen
Weinessig

◆ Die Knoblauchzehen in ein verschließbares Glas schichten, 1 EL Salz zugeben und mit Essig bedecken. Verschlossen etwa ein halbes Jahr gären lassen – je länger er eingelegt ist, desto mehr gewinnt der Knoblauch an Aroma und Geschmack.

Eingelegter Kürbis
Torschi-e Kadu

500 g Kürbis
Kräuteressig
2 rote Chilischoten
2 grüne Chilischoten
100 g Ingwerwurzel
1 Knoblauchknolle
2 EL Schwarzkümmel
1 EL Gewürznelkenpulver
getrocknete Minzeblätter
1 EL schwarze Pfefferkörner

◆ Das Kürbisfruchtfleisch in mittelgroße Stücke würfeln und in 1 l Essig halb gar kochen. Durch ein Sieb abgießen und abkühlen lassen. Die Chili waschen, längs halbieren, entkernen und vierteln. Ingwer schälen und grob reiben. Alles mit Knoblauchzehen, Schwarzkümmel, Nelken, Minze, Pfefferkörnern und 2 TL Salz vermengen. In ein verschließbares Glas schichten und mit Essig bedecken. Verschlossen zwei bis drei Wochen gären lassen.
Im Kühlschrank aufbewahren.

Eingelegte Pfirsiche
Torschi-e Schaftalu

5 feste Pfirsiche
1 Knoblauchknolle
5 Peperoni
100 g Ingwerwurzel
1 EL getrocknete
   Minzeblätter
1 EL schwarze Pfefferkörner
Weinessig

◆ Pfirsiche vierteln, entkernen und in Wasser halb weich kochen. Abtropfen lassen. Knoblauchzehen längs halbieren, Ingwer schälen und klein schneiden. Alles mit Minze, Pfefferkörnern und 2 TL Salz würzen. In ein verschließbares Glas schichten und mit Essig bedecken. Zugedeckt einige Wochen gären lassen.
Kühl aufbewahren.

◆ Die Trauben verlesen, Peperoni klein schneiden, mit 1 TL Pfeffer und 2 TL Salz würzen. In ein verschließbares Glas schichten und mit Essig bedecken. Verschlossen einige Tage gären lassen.

Eingelegte Weintrauben
Torschi-e Angur

500 g Weintrauben
    ohne Kerne
5 Peperoni
Kräuteressig

◆ Zitronen waschen und vierteln. Peperoni klein schneiden. Ingwer schälen und in dünne Scheiben schneiden. Alles mit Knoblauchzehen und Schwarzkümmel vermengen, mit Pfeffer und Salz kräftig würzen. In ein verschließbares Glas schichten, mit Essig und Zitronensaft begießen. Verschlossen drei bis vier Wochen gären lassen.
Im Kühlschrank aufbewahren.

Eingelegte Zitronen
Torschi-e Limu

10 ungespritzte Zitronen
5 Peperoni
150 g Ingwerwurzel
15 Knoblauchzehen
1 EL Schwarzkümmel
Essig

◆ Knoblauch in einer Schüssel mit kaltem Wasser bedecken und zwei Tage ruhen lassen, das Wasser zwei- bis dreimal wechseln.
Die Zehen abspülen und in 200 ml Wasser 10 bis 12 Minuten aufkochen. Abgießen und zerdrücken. In Joghurt verrühren, mit Essig, Minze, Pfeffer und Salz würzen.
Schmeckt hervorragend zu Kebab, Fleisch, als Dressing für Salate und als Dip für frittierte Vorspeisen.

Joghurt-Knoblauch
Mast ba Sir

10 Knoblauchzehen
500 g Joghurt
5 EL Essig
1 EL getrocknete
    Minzeblätter

◆

Gewürzmischungen

◆

Gewürzmischung für Reisgerichte und würzige Saucen

1 EL gemahlener Kreuzkümmel
1 EL Korianderkörner
10 grüne Kardamomkapseln
5 schwarze Kardamomkapseln
2 TL Gewürznelkenpulver
2 TL Kümmel
2 TL schwarze Pfefferkörner
2 Zimtstangen (je 5 cm)
4 Lorbeerblätter

◆ Alle Zutaten vermischen und fein zermahlen. In einem luftdicht verschlossenen Behälter aufbewahren.
Drei Wochen haltbar.

Currymischung

5 Lorbeerblätter
2 TL Bockshornsamen
3 TL Gewürznelken
2 TL schwarze Pfefferkörner
2 getrocknete Chilischoten
2 TL gemahlener Kreuzkümmel
2 TL schwarze Senfsamen
1 EL Kurkuma

◆ Alle Zutaten bis auf Kurkuma in einer Gewürzmühle fein zermahlen. In einer Schüssel mit Kurkuma gründlich vermengen.
In einem luftdicht verschlossenen Behälter aufbewahren.

Gewürztes Paprikapulver

1 EL Korianderkörner
1 EL Rosinen
150 g Walnusskerne
200 g Paprikapulver
200 g Chilipulver

◆ Koriander, Rosinen und Walnusskerne in einem Mörser zerstoßen. Paprika und Chili zugeben, gut vermischen.
In einem luftdicht verschlossenen Behälter aufbewahren.

◆

Tee

◆

In Afghanistan wird zu allen Tageszeiten Tee angeboten. Ein afghanisches Sprichwort sagt, dass die erste Tasse gar nichts sei, die zweite genug und die dritte sinnlos. Traditionsgemäß kocht man das Wasser im Samowar auf und bereitet den Tee in einer Porzellankanne zu. Unmittelbar nach dem Essen soll heißer Tee für die Bekömmlichkeit sorgen. Er wird immer mit Süßigkeiten serviert.

Schwarzer Tee
Tschai-e Siah

1 l Tafelwasser ohne Kohlensäure
2 TL schwarzer Tee

◆ Tafelwasser aufkochen. Tee in eine Kanne geben, mit heißem, nicht mehr kochendem Wasser übergießen und einige Minuten ziehen lassen.

Bockshornsamen-Tee
Tschai-e Holba

2 EL Bockshornsamen
½ l Mineralwasser ohne Kohlensäure
Zucker

◆ Die Bockshornsamen waschen und in einem Topf mit Mineralwasser etwa 10 Minuten kochen. Einige Minuten ziehen lassen, dann durchsieben. Nach Belieben mit Zucker süßen und heiß servieren.

Gewürzter Tee
Schir Tschai-e Masalahdar

1 Zimtstange (5-6 cm)
4 Kardamomkapseln
6 Gewürznelken
2 TL gemahlener Ingwer
2 EL schwarzer Tee
½ l Vollmilch
Zucker oder Honig

◆ In einer fettfreien Pfanne Zimt, Kardamomsamen und Nelken bei mittlerer Hitze 1 bis 2 Minuten anrösten, grob zermahlen.
In einem Topf mit ½ l Wasser zum Kochen bringen. Alle Gewürze zugeben und zugedeckt 5 Minuten kochen. Tee und Vollmilch unterrühren, erneut aufkochen. Mit Zucker oder Honig süßen.
Den Topf vom Herd nehmen, zugedeckt 3 bis 5 Minuten ziehen lassen. Den Tee abseihen, in eine vorgewärmte Kanne gießen und heiß servieren.

Grüner Tee
Tschai-e Sabz

1 l Tafelwasser ohne
   Kohlensäure
2 TL grüner Tee
2-3 Safranfäden
½ TL Kardamompulver

Grüner Tee (Aamellia sinensis) wird in Afghanistan seit Hunderten von Jahren in großen Mengen als Genussmittel zur Steigerung der Vitalität und zur Nahrungsergänzung getrunken. Er wird aus den gleichen Blättern wie schwarzer Tee gewonnen, ist aber unfermentiert – so bleiben seine wertvollen Inhaltsstoffe erhalten. Zum Teekochen wird möglichst weiches Wasser verwendet. Der wohlschmeckende und erfrischende grüne Tee wird mit heißem, nicht mehr kochendem Wasser aufgegossen.

Bei billigen Grünteesorten lässt man den ersten Aufguss (½ Tasse) wenige Sekunden ziehen und schüttet ihn dann weg. Neu aufgegossen verliert der Tee seinen bitteren Geschmack. Die bekanntesten Grünteesorten sind japanischer Gyokuro, Sencha und der traditionelle chinesische Lung Ching.

◆ Tafelwasser aufkochen. Den Tee mit Safran in eine Kanne geben, mit heißem, nicht mehr kochendem Wasser übergießen. Mit Kardamom würzen und 10 Minuten ziehen lassen.
Die Teekanne auf ein Stövchen stellen und den Tee mit Süßigkeiten oder Konfekt servieren.

Grüner Tee mit Zucker
Chawa

1 EL grüner Tee
1 EL gehackte Walnüsse
Zucker oder Rohzucker

◆ Wasser aufkochen, Tee und Walnüsse zugeben. Einige Minuten kochen und 8 bis 10 Minuten ziehen lassen.
Absieben und nach Belieben mit Zucker süßen.

◆ In einer großen Pfanne Vollmilch mit Rahm bei schwächster Hitze zum Kochen bringen. Die sich bildende Haut mit dem Löffel abnehmen und auffangen. Die Milch warm stellen.
In einem großen tiefen Topf den Tee in Tafelwasser 3 bis 4 Minuten aufkochen. Backpulver unterrühren und weiterkochen, bis die Teeblätter weich werden. Den Topf vom Herd nehmen, Tee mit Blättern langsam aus 30 cm Höhe in einen anderen Topf gießen, dabei einen Eiswürfel oder ½ Tasse kaltes Wasser zugeben. Dieses Verfahren mehrmals wiederholen, bis sich der Tee rötlich färbt. Dann absieben.
Warm gestellte Milch mit ½ l frischer Milch in einem Topf aufkochen. So viel Tee zugießen, bis sich die Milch hellrosa färbt. Nach Belieben mit Zucker süßen, mit Kardamom würzen. Die Mischung in eine große Tasse gießen, 1 EL der Haut darauf geben und heiß servieren.

Grüner Tee mit Milch und Rahm
Qaimaq Tschai

½ l Vollmilch
1 Becher Rahm
3 EL grüner Tee
1 l Tafelwasser ohne Kohlensäure
1 TL Backpulver
½ l Milch
Zucker
½ TL Kardamompulver

◆ Tafelwasser aufkochen, Tee zugeben und 5 bis 10 Minuten ziehen lassen. Vollmilch zugießen, 2 bis 3 Minuten kochen.
Absieben, mit Kardamom würzen und nach Belieben mit Zucker süßen.

Milch-Tee
Schir Tschai

½ l Tafelwasser ohne Kohlensäure
3-4 TL schwarzer Tee
½ l Vollmilch
1 TL Kardamompulver
Zucker

Rezeptregister

Abreschom Kabab 149
Aprikosen-Eier-Suppe 52
Aprikosen-Qorma 104
Asch 51
Aschak 131
Asch-e Koftadar 50
Auberginen, eingelegt 167
Auberginen, gefüllt 93
Auberginen oder Zucchini in Quark-Creme 97
Auberginen- oder Zucchini-Bagari 89
Badendschan ja Torai Tschalau 56
Badendschan Palau 72
Bagari Badendschan ja Torai 89
Bagari Badendschan-e Rumi 92
Bagari Golpi 89
Bagari Katschalu 91
Bagari Kawar 90
Bagari Khorfa 92
Bagari Piaz 93
Bagari Sabzi 92
Bagari Schalgham 91
Bagari Tokhom 90
Bagari Zardak 91
Baghlawa 150
Bata 81
Bata-e Goschti 81
Blumenkohl-Bagari 89
Blumenkohl-Qorma 103
Blumenkohlröschen, Kartoffeln, Paprikaschoten, frittiert 100
Bockshornsamen-Tee 177
Bolani Gandana 127
Bolani Gol-eKadu 126
Bolani Kadu 125
Bolani Katschalu 128
Bolani Khorfa 127
Bolani Samaroq 128
Bolani Tarkari 125

Bor Palau 71
Borani Badendschan ja Torai 97
Borani Kadu 98
Borani Katschalu 98
Borani Samaroq 99
Bratfisch und Teigschnecke in Sirup 148
Bratkartoffeln in Quark-Creme 98
Braun gewürztes Reisgericht (Grundrezept) 64
Brauner Reis mit Fleisch und Quark 71
Brauner Reis mit Fleisch und Sauerkirschen 77
Brauner Reis mit Hähnchen 68
Brauner Reis mit Linsen 69
Brauner Reis-Spinat 78
Brechbohnen-, Bohnen- oder Erbsen-Qorma 103
Buttermilch-Nudel-Suppe 49
Buttermilch-Suppe 49
Butterschmalz-Fladenbrot 162
Champignons, frittiert 100
Chawa 178
Cremepudding mit Pistazien und Kardamom 148
Currymischung 173
Dal Palau 69
Dal Tschalau 67
Dalda 134
Dalda-e Dschawari 132
Dickreis mit Bockshornsamen 86
Dickreis mit Fleisch und Kohlrüben 82
Dickreis mit gekochtem Fleisch 81
Dolma-e Badendschan 93
Dolma-e Behi 94
Dolma-e Katschalu 94
Dolma-e Katschalu-e Kubida Schoda 95
Dolma-e Piaz 96

Dopiaza 46
Dschan-e Amma 143
Dschan-e Khala 144
Dugh 143
Eier in Sirup, frittiert 149
Eier-Bagari 90
Eier-Hackfleisch-Pfanne 119
Eier-Knoblauch-Pfanne 120
Eier-Porree-Pfanne 120
Eier-Rhabarber-Pfanne 121
Eier-Spießfleisch-Pfanne 119
Eier-Spinat-Pfanne 121
Eier-Tomaten-Pfanne 122
Eingelegte Auberginen 167
Eingelegte Kohlrüben 167
Eingelegte Möhren 167
Eingelegte Pfirsiche 168
Eingelegte Weintrauben 169
Eingelegte Zitronen 169
Eingelegter Knoblauch 168
Eingelegter Kürbis 168
Erbsentaschen, gebacken 129
Eschkana 52
Eschkana-e Daal-e Nask 43
Eschkana-e Dughi 49
Feines Dickreisgericht
   (Grundrezept) 81
Ferni 148
Fischfilet, frittiert 147
Fischsuppe 45
Fladenbrot 161
Fladenbrot, frittiert 162
Fladenbrot nach Art der Usbeken 161
Fleisch- oder Hähnchenbrühe 45
Fleisch-Gemüse-Suppe 47
Fleischklößchensuppe 48
Fleisch-Kohlrüben-Suppe 47
Fleischpaste, gebacken 110
Fleischsuppe 46
Fleischsuppe mit Kichererbsen und
   Zwiebeln 46
Frischkäse, frittiert 147
Frischkäse mit Rosinen 149

Frittierte Blumenkohlröschen,
   Kartoffeln, Paprikaschoten 100
Frittierte Champignons 100
Frittierte Eier in Sirup 149
Frittierte Zwiebeln 96
Frittierter Frischkäse 147
Frittierter Rhabarber 147
Frittiertes Fischfilet 147
Frittiertes Fladenbrot 162
Frittiertes Gebäck I 153
Frittiertes Gebäck II 153
Gebäck mit Schwarzkümmel 154
Gebackene Erbsentaschen 129
Gebackene Fleischpaste 110
Gebackene Hackfleischtäschchen 129
Gebackene Kräutertaschen 125
Gebackene Kürbisblütentaschen 126
Gebackene Kürbistaschen 125
Gebackene Mehlkonfekttaschen 154
Gebackene Portulaktaschen 127
Gebratene Lauchtaschen 127
Gebratene Pellkartoffeltaschen 128
Gebratene Pilztaschen 128
Gedämpfte Hackfleischtaschen 130
Gefüllte Auberginen 93
Gefüllte Kartoffelklöße mit Möhren
   und Lauch 95
Gefüllte Kartoffeln 94
Gefüllte Quitten 94
Gefüllte Zwiebeln 96
Gekochte Lauchtaschen 131
Gekochte Quarktaschen 132
Gekochte Teigscheibchen 133
Gekochter Mais mit Joghurt 132
Gekochter Weizen mit Quark 134
Gekochtes Weizenmehl 134
Gemüse vom Grill 99
Gemüse-Hackfleischbraten 111
Gewürzmischung für Reisgerichte und
   würzige Saucen 173
Gewürzter Tee 177
Gewürztes Paprikapulver 173
Gosch-e Fil 153

Grießkonfekt 155
Grüner Tee 178
Grüner Tee mit Milch und Rahm 179
Grüner Tee mit Zucker 178
Gurke in Buttermilch 143
Hackfleisch am Spieß 114
Hackfleischtäschchen, gebacken 129
Hackfleischtaschen, gedämpft 130
Halim 157
Halwa 157
Halwa-e Ard-e Berendsch 158
Halwa-e Ard-e Surji 155
Halwa-e Zardak 158
Halwah-e Swanak 158
Honig-Nuss-Konfekt 158
Hülsenfrüchtesuppe 45
Jakhni Goscht ja Morgh 45
Jakhni Palau 65
Jaqut Palau 77
Jaqut Tschalau 61
Joghurt-Knoblauch 169
Joghurt mit Gurke 143
Joghurt mit Spinat 143
Joghurt mit Weintrauben 144
Joghurtsauce 137
Kabab-e Dagh 115
Kabab-e Degi »Kaba-e Daschi« 113
Kabab-e Degi Ran-e Morgh 114
Kabab-e Dschegar 112
Kabab-e Gorda-e Bara 116
Kabab-e Qhau 111
Kabab-e Qima 114
Kabab-e Schami 110
Kabab-e Sikhi-e Dschegar 116
Kabab-e Tekka 115
Kabab-e Terkari 99
Kabab-e Tschopan 112
Kabab-e Zaban-e Bara 112
Kapern-Bagari 90
Karai 119
Kartoffel-Bagari 91
Kartoffelklöße mit Möhren und Lauch, gefüllt 95

Kartoffeln, gefüllt 94
Kartoffel-Qorma 104
Kartoffelsuppe 43
Katschalu-e Berian 97
Katschi 134
Keschmesch Panir 149
Ketschri Qorut 85
Ketschri Qorut-e Koftadar 85
Khadjur 153
Knoblauch, eingelegt 168
Knoblauchsauce 137
Kofta Tschalau 59
Kohl-Qorma 107
Kohlrüben, eingelegt 167
Kohlrüben-Bagari 91
Koltscha-e Berendschii »Koltscha-e Naurozi« 155
Koltscha-e Dschawari 154
Koltscha-e Namaki 155
Koltscha-e Schirin 156
Koriandersauce 138
Kräutersauce 138
Kräutertaschen, gebacken 125
Kürbis, eingelegt 168
Kürbis in Quark-Creme 98
Kürbisblütentaschen, gebacken 126
Kürbistaschen, gebacken 125
Kutteln in Sauce 109
Laidam-e Sabzi 63
Lakhtschak 133
Lämmchen am Spieß 115
Lammfleisch am Spieß 115
Lammkeule-Rostbraten 111
Lammnieren am Spieß 116
Lammschwanzfett-Fladenbrot 163
Lammzungenbraten 112
Lauchtaschen, gebraten 127
Lauchtaschen, gekocht 131
Lawang Tschalau 61
Lawang-e Mahi 137
Leber am Spieß 116
Leberbraten 112
Leber-Lungen-Braten 113

Linsensuppe 43
Mahi Tschalau 58
Mahi wa Dschelabi 148
Mais mit Joghurt, gekocht 132
Maismehlgebäck 154
Malida 156
Mantu 130
Masch Palau 76
Maschawa 45
Mast ba Sir 169
Mehl-Fleisch-Konfekt 157
Mehlkonfekt 157
Mehlkonfekttaschen, gebacken 154
Milchkonfekt mit Pistazien 150
Milchreis 86
Milch-Tee 179
Mildes weißes Reisgericht
    (Grundrezept) 55
Möhren, eingelegt 167
Mohrrüben-Bagari 91
Mohrrübenkonfekt 158
Morgh Palau 68
Morgh Tschalau 60
Mungbohnen-Dickreis 83
Mungbohnen-Dickreis mit
    Kalbsgulasch 84
Mungbohnen-Dickreis mit Quark 85
Mungbohnen-Dickreis mit Quark und
    Fleischklößchen 85
Mungbohnen-Reis mit Aprikosen
    oder Datteln 76
Nan-e Chaharmaghzi 164
Nan-e Dschedscheqi 163
Nan-e Khassa-e Roghani 162
Nan-e Ozbaki 161
Nan-e Tawagi 163
Nan-e Tschapati 161
Narendsch Palau 66
Nudelsuppe 51
Nudelsuppe mit Hackfleisch 50
Okraschoten-Qorma 105
Omatsch-e Dughi 49
Omatsch-e Gandana 51

Omatsch-e Gol-e Chaharmaghz 52
Pakaura-e Golpi, Katschalu,
    Mortsch 100
Pakaura-e Mahi 147
Pakaura-e Panir 147
Pakaura-e Piaz 96
Pakaura-e Rawasch 147
Pakaura-e Samaroq 100
Palau 64
Paprikasauce 138
Parata 162
Pellkartoffeltaschen, gebraten 128
Pfannenbrot 163
Pfirsiche, eingelegt 168
Pflaumen-Qorma 105
Pilze in Quark-Creme 99
Pilz-Qorma 104
Pilztaschen, gebraten 128
Pjawa-e Katschalu 43
Pori Tschaka 132
Porree-Nudel-Suppe 51
Portulak-Bagari 92
Portulaktaschen, gebacken 127
Qabeli 74
Qabeli Dampokht 75
Qaborgha Palau 73
Qaimaq Tschai 179
Qorma auf Röstbrot 108
Qorma Tschalau 58
Qorma-e Alubokhara 105
Qorma-e Bamya, Schast-e Arus 105
Qorma-e Behi ja Seb 106
Qorma-e Faselia, Lubia, Matar 103
Qorma-e Golpi 103
Qorma-e Karam 107
Qorma-e Katschalu 104
Qorma-e Keschta 104
Qorma-e Kharboza 108
Qorma-e Martschoba 107
Qorma-e Patscha 109
Qorma-e Rawasch 106
Qorma-e Roenaan 108
Qorma-e Samaroq 104

Qorma-e Schekamba 109
Qorma-e Zaban 110
Qoruti 43
Quark-Dip 139
Quark-Fisch-Sauce 137
Quarktaschen, gekocht 132
Quark-Zwiebel-Suppe 43
Quitten, gefüllt 94
Quitten- oder Apfel-Qorma 106
Reis mit Auberginen- oder Zucchini-
    Fleisch-Mischung 56
Reis mit Berberitze und Safran 57
Reis mit Fadennudeln 70
Reis mit Fisch 58
Reis mit Fleisch und Kohlrüben 60
Reis mit Fleisch und Quark 61
Reis mit Fleisch und Sauerkirschen 61
Reis mit Fleisch und Spinat 62
Reis mit Fleischklößchen 59
Reis mit frittierten Auberginen 72
Reis mit gekochtem Fleisch 65
Reis mit Hähnchen 60
Reis mit Lammrippen 73
Reis mit Linsen 67
Reis mit Möhren und Rosinen I 74
Reis mit Möhren und Rosinen II 75
Reis mit Orangenschale 66
Reis mit würzigem Gulasch 58
Reismehlgebäck 155
Reismehlkonfekt 158
Reis-Spinat 63
Reissuppe 44
Rhabarber, frittiert 147
Rhabarber-Qorma 106
Rinderfüßchen in Sauce 109
Röstkartoffeln 97
Rot 154
Sabzi ba Mast 143
Sabzi Tschalau 62
Safran-Dickreis 86
Salzige Plätzchen 155
Sambosa-e Goschti 129
Sambosa-e Matar 129

Sambosa-e Schirin 154
Schäferbraten 112
Schalgham Bata 82
Schalgham Schorba 47
Schalgham Tschalau 60
Schir Tschai-e Masalahdar 177
Schir Tschai 179
Schirberendsch »Degtscha« 86
Schirpera 150
Schola 83
Schola-e Ghorbandi 84
Schola-e Holba 86
Schola-e Schirin »Schola-e Zard« 86
Schorbaberendsch 44
Schorba-e Badendschan-e Rumi 44
Schorba-e Goscht 46
Schorba-e Kofta 48
Schorba-e Mahi 45
Schorba-e Terkari 47
Schorba-e Tschainaki 48
Schosch Kabab 113
Schwarzer Tee 177
Sereschk Tschalau 57
Simin Palau 70
Spargel-Qorma 107
Spinat-Bagari 92
Süßbrotkonfekt 156
Süße Plätzchen 156
Suppe in der Teekanne 48
Tee, gewürzt 177
Teigkonfekt mit Nussfüllung 150
Teigscheibchen, gekocht 133
Tokhom wa Badendschan-e Rumi 122
Tokhom wa Gandana 120
Tokhom wa Kofta 119
Tokhom wa Rawasch 121
Tokhom wa Sabzi 121
Tokhom wa Sir 120
Tomaten-Bagari 92
Tomatensauce 139
Tomatensuppe 44
Torschi-e Angur 169
Torschi-e Badendschan 167

Torschi-e Kadu 168
Torschi-e Limu 169
Torschi-e Schaftalu 168
Torschi-e Schalgham 167
Torschi-e Sir 168
Torschi-e Zardak 167
Tschabli Kabab 111
Tschai-e Holba 177
Tschai-e Sabz 178
Tschai-e Siah 177
Tschaka-e Masaladar 139
Tschalau 55
Tschatni-e Badendschan-e Rumi 139
Tschatni-e Chaharmaghz 140
Tschatni-e Gaschniz 138
Tschatni-e Ghora-e Angur 140
Tschatni-e Masalahdar 138
Tschatni-e Mortsch 138
Tschatni-e Sir 137

Tschhatni Mast 137
Tschukida 150
Walnussblüten-Nudel-Suppe 52
Walnuss-Fladenbrot 164
Walnuss-Maulbeeren-Konfekt 150
Walnusssauce 140
Weintrauben, eingelegt 169
Weintraubensauce 140
Weizen mit Quark, gekocht 144
Weizenmehl, gekocht 144
Zamarrod Palau 78
Zitronen, eingelegt 169
Zuckermelonen-Qorma 108
Zungen in Sauce 110
Zwiebel-Fleischbraten 113
Zwiebel-Hähnchenkeulenbraten 114
Zwiebeln, frittiert 96
Zwiebeln, gefüllt 96
Zwiebelklößchen-Bagari 93

Stichwortregister

Ajowan 33
Apfel 106
Aprikosen 52, 76, 104
Araq-e Golab 37
Auberginen 56, 72, 89, 93, 97, 167
Badian 34
Berberitze 33
Blätterteig 129, 154
Blumenkohl 89, 100, 103
Bockshornsamen 33
Bohnen 47, 50, 51, 103
Buttermilch 43, 49, 55, 95, 143
Champignons 99, 100, 104
Chili 34
Chilischoten 56, 89, 97, 125, 126, 131, 139, 167, 168
Curry 34
Dartschini 38
Dill 34
Dschwani 33
Eier 52, 90, 119-122, 149
Erbsen 103, 129
Fenchel 34
Fisch 45, 58, 137, 147, 148
Frischkäse 147
Gaschnitz 35
Gelbwurz 36
Ghora-e Angur 38
Gur 37
Gurke 143
Hackfleisch 45, 59, 94, 96, 111, 119, 129-131
Hackfleisch vom Lamm 48
Hackfleisch vom Rind 50, 85, 95, 133
Hammel 105
Hel 35
Hobubat 34
Holbadana 33
Hülsenfrüchte 34

Huhn 44, 45, 60, 66, 68, 114, 157
Ingwer 34
Kalb 47, 56, 58, 69, 84, 103-105, 107, 108
Kalbsfüßchen 109
Kapern 35, 90
Kardamom 35
Kartoffeln 43, 47, 91, 94, 95, 97-100, 104, 110, 111, 128
Kawar 35
Khastabab 36
Khelal-e Narendsch 36
Kichererbsen 45-48, 50, 51, 58-60, 84, 91, 106, 109, 110
Knoblauch 35
Kohlrüben 47, 60, 82, 91, 167
Koriander 35
Kreuzkümmel 35
Kürbis 98, 125, 168
Kürbisblüten 126
Kurkuma 36
Lamm 45-47, 60-62, 64, 65, 73-75, 77, 81, 104, 106, 110-115, 119
Lammkutteln 109
Lammleber 112, 113, 116
Lammnieren 116
Lammzungen 110, 112
Linsen 43, 67, 69
Mais 132
Maulbeeren 150
Mekhak 36
Minze 36
Möhren 47, 74, 75, 91, 95, 111, 167
Morch-e Siah 37
Mortsch 34
Mungobohnen 45, 76, 83-85, 92, 127
Naana 36
Nelken 36
Nudeln 50, 51

Nüsse 36
Okraschoten 105
Orangen 66
Orangenschale, getrocknet 36
Paprika 56, 89, 92, 93, 97, 99, 100, 104,
   114, 125, 128, 138, 167
Peperoni 138, 169
Pfeffer, schwarzer 37
Pfirsiche 168
Pilze 128
Podina 36
Porree 51, 95, 108, 120, 127, 131
Portulak 92, 127
Pute 78, 103
Qorut 37
Quitten 94, 106
Reis 44, 55-78, 81-86, 94, 96, 157
Rhabarber 62, 92, 106, 121, 147
Rind 71, 106
Rinderfüßchen 109
Rohrzucker 37
Rosenwasser 37
Rotkohl 107
Safran 37
Sauerkirschen 61, 77
Schebet 34
Schwarzkümmel 37
Siahdana 37
Sir 35
Spargel 107
Spinat 62, 63, 78, 92, 143
Tomaten 44, 56, 91-93, 97, 99, 103, 112,
   119-122, 139
Trockenjoghurt 37
Trockenpflaumen 45, 48, 58-60, 67, 84,
   91, 105, 109
Trockenweintrauben 38
Walnüsse 138-140, 150, 158, 164, 173
Weintrauben 140, 144, 169
Weißkohl 107
Weizengrieß 155
Weizenkörner 134
Zaafaran 37

Zandschabil 34
Zardtschoba 36
Zerischk 33
Zimt 38
Zira 35
Zucchini 56, 89, 97
Zuckermelonen 108

In der Reihe »Gerichte und ihre Geschichte« erschienen in gleicher Ausstattung:

Magdi und Christine Gohary,
Brahim Lagunaoui
◆ Arabisch kochen

Stefan Ullmann
◆ Australisch kochen

Moema Parente Augel
◆ Brasilianisch kochen

Brigitte und Elmar Engel
◆ Indianisch kochen

Madhur Jaffrey
◆ Indisch kochen

Jürgen Schneider
◆ Irisch kochen

Elisabeth Veit
◆ Kanarisch kochen

Birgit Kahle
◆ Kubanisch kochen

Beate Engelbrecht, Ulrike Keyser
◆ Mexikanisch kochen

Ketselah Wubneh-Mogessie
◆ Ostafrikanisch kochen

Parvin Vormweg
◆ Persisch kochen

Magrit Liepe
◆ Polnisch kochen

Márcia Zoladz
◆ Portugiesisch kochen

Hans-Ulrich Stauffer, Hanspeter Fontana
◆ Südafrikanisch kochen

Banu Yalkut, Hanjo Breddermann
◆ Türkisch kochen

Jojo Cobbinah, Holger Ehling
◆ Westafrikanisch kochen

…außerdem:
Jacob Blume
◆ Mit Lust die Welt verschlingen
   Die sinnliche Küche Afrikas

Die Reihe wird fortgesetzt.
Bitte fordern Sie unseren aktuellen Katalog an:

Verlag Die Werkstatt
Lotzestraße 24a
D-37083 Göttingen
www.werkstatt-verlag.de
E-Mail: werkstatt-verlag@t-online.de